Armin Roßmeier

Kulinarische Sternstunden

MedienContor

Originalausgabe

Redaktion: Infothek Ernährung,
Frankfurter Ring 81, 80807 München
Fotos: CMA
Art Direction & Satz: Susanne Tietgens
Umschlagfoto: Günter Kipphahn

Druck: Egedsa, Sabadell
Printed in Spain

ISBN 3-931962-49-0

Wir danken der CMA für die freundliche
Unterstützung und das Überlassen von
Fotomaterial.

Dieses Buch wurde auf chlor- und säurefreiem
Papier gedruckt.

Wir schicken Ihnen gern unser Verlagsprogramm:
S&L MedienContor GmbH
Willhoop 7
22453 Hamburg

Schönheit kommt nicht nur wegen der gesunden Ernährung von innen: Doch die Maske mit Puder und Tupfer unterstreicht sie – auch bei Männern!

Hinter den Kulissen

Unser Topf-Gucker: die Kamera für die Nahaufnahmen. Da kommen sie her, die tollen Bilder, die schon früh am Morgen an ein tolles Essen denken lassen.

Auf geht's – die Kamera läuft – Klappe und: „Action"...

Wenn man begründen sollte, warum es dieses Buch gibt, müßte man eigentlich mit dem Satz beginnen: „Es war einmal...". Denn genau das, was früher schon unsere Küche auszeichnete, möchte ich wieder in Erinnerung bringen – selbstverständlich auf die heutige Zeit zugeschnitten. Warum? Ganz einfach: Früher wurden die Gerichte aus Lebensmitteln zubereitet, die im eigenen Garten wuchsen, oder die in der Region angebaut wurden. Dies waren sozusagen die „Lebensmittel der kurzen Wege".

Leider machte sich im Laufe der Zeit in unserer Wohlstandsgesellschaft ein „kulinarischer Snobismus" breit. Heute essen wir Erdbeeren in der Weihnachtszeit, frischen Spargel am Neujahrstag oder Weintrauben zu Ostern. Alles, was irgendwo in der Welt Saison hat oder sogar speziell für unsere verwöhnten Gaumen gezüchtet wurde, lassen wir uns einfliegen. Dabei geriet immer stärker in Vergessenheit, daß wir in Deutschland und in Europa eigentlich alle Lebensmittel haben, die wir für eine vernünftige und gesunde Ernährung brauchen.

Unsere Großmütter wußten noch, welche Lebensmittel in welchem Monat Saison haben, und wann Obst und Gemüse am schmackhaftesten sind. Nicht ohne Grund stammen die besten heimischen Rezepte aus der Zeit, in der die saisonal orientierte Küche das kulinarische Brevier war. Die jahreszeitlich betonte Küche war keineswegs eintönig, nur die küchentechnische Vorbereitung und die Garmethoden waren noch nicht so ausgereift wie heute. Durch übermäßig langes Kochen und Braten wurden oft wichtige Inhaltsstoffe zerstört. Heute wissen wir, wie man vieles besser machen kann.

HINWEISE ZUR FERNSEH-SENDUNG

Sendungstitel
SAT.1 Deutschland heute morgen

Sendeplatz
SAT.1 Frühstücksfernsehen

Sendezeit
täglich Montag bis Freitag zwischen 8.30 Uhr und 9.00 Uhr

Was spricht also dagegen, die saisonal bezogene Küche wieder aufleben zu lassen? Gründe dafür gibt es genug. Denn alle Lebensmittel der Saison schmecken aromatischer, enthalten in der Regel mehr Vitamine und Mineralstoffe und gelangen ohne langen Transport, der Geld und Energie kostet, in unsere Küchen.

Unsere Zeit ist geprägt durch mangelnde körperliche Betätigung, das heißt, wir benötigen keine „Kalorienberge", um leistungsfähig zu bleiben. Und schlank und rank will auch jeder sein, was unserer Gesundheit absolut entgegenkommt. Daher ist kalorienangepaßte Kost angesagt. Damit wir trotz weniger Kalorien ausreichend versorgt sind, müssen kalorienarme, jedoch nährstoffreiche Lebensmittel im Vordergrund unserer Ernährung stehen. Die Saisonküche hilft uns dabei: Sie ist leicht und zeichnet sich, aufgrund ihres großen Anteils an frischem und reifem Gemüse und Obst, durch ihre hohe Nährstoffdichte aus. Zudem ist sie äußerst schmackhaft.

Probieren Sie sie einfach aus!

Ihr

Armin Roßmeier

Warenkunde ist ein fester Bestandteil der Sendereihe. Dazu gehören Informationen aus erster Hand – aber auch Experten, die zu aktuellen Themen Stellung beziehen.

Damit hinterher alles so perfekt aussieht, wie Sie es täglich gewohnt sind, braucht man eine ebenso perfekte Vorbereitung.

Armin Roßmeier mit seinem Team, das im Hintergrund seit Jahren sein Bestes gibt.

Eine Pfanne aus hochwertigem Edelstahl

Gute Küchengeräte

sind genauso wichtig wie frische Lebensmittel und beste Zutaten, denn ohne sie gelingen auch der saftigste Braten und die raffinierteste Sauce nicht.

Vor allem bei **Kochtöpfen, Pfannen und Messern,** den in der Küche am häufigsten benutzten Utensilien, sollten Sie keine Kompromisse eingehen.

Ein erweiterbares Topfsortiment ermöglicht ein auf die persönlichen Kochgewohnheiten abgestimmtes Zusammenstellen der Kochgeräte.

Die Materialien und Formen von Pfannen sind so vielfältig wie die Rezepte für Pfannengerichte – und in ihrem Bratverhalten oft auch sehr unterschiedlich. Das hat seinen Grund. Denn ein Steak ist kein Omelett, und für ein saucenreiches Fleischgericht sind höhere Formen sinnvoller als für ein flach geklopftes Schnitzel. Deshalb heißt meine Empfehlung, daß in jede gute Küche mindestens **zwei Pfannen** gehören: erstens, eine robuste Edelstahlpfanne, in der alles gelingt, was mit starker Hitze knackig angebraten wird. Also typischerweise das Steak. Im Bild oben die Fissler magnic-Pfanne aus hochwertigem Edelstahl mit Novogrill-Bratfläche und Super-Thermicboden. Zweitens, eine antihaft-versiegelte Pfanne, in der Feines nicht anhaften kann. Dafür ist das Omelett das beste Beispiel. Im Bild die Fissler magnic-Pfanne: innen antihaft-versiegelt, außen emailliert, dazu der Deckel aus Glas oder rostfreiem Edelstahl.

Ein erweiterbares Topfsortiment ermöglicht ein individuelles Zusammenstellen der Kochgeräte

Zum kurzen *Vorgaren* von Zutaten wird die *Blanchiertechnik* verwendet. Das Gargut, vor allem Gemüse, wird genau so lange in einem Sieb in kochendes Wasser gegeben, bis es fast gar ist. Anschließend wird es in kaltem Wasser abgeschreckt, um ein weiteres

Durchziehen zu verhindern. Besonders einfach kann dieser Vorgang mit einem in den Topf passenden Siebeinsatz durchgeführt werden.

Das *Blanchieren* erhält die Farbe des Gemüses, schont Vitamine und Inhaltsstoffe.

So ist beispielsweise das vitaminschonende *Garen* von empfindlichen Lebensmitteln im Dünsteinsatz möglich. Es sollte beim Kauf des Einsatzes darauf geachtet werden, daß dieser optimal auf den verwendeten Topf paßt.

Kartoffeln zählen auch heute noch zu den Lieblingsbeilagen der Deutschen. Sie haben einen besonders großen Anteil an gesunden Nährwerten – vorausgesetzt, sie werden in der Schale gegart. Als Pellkartoffeln eignen sie sich auch hervorragend für das Garen im Schnellkochtopf. Abgesehen von der Zeit- und Energieersparnis bleiben viele der Vitamine durch die verkürzte Garzeit besser erhalten. Außerdem sollte man Kartoffeln im Schnellkochtopf generell im Dämpfeinsatz garen, weil das „Dampfbad" das Ausspülen wertvoller Mineralstoffe verhindert.

Wenn Kartoffeln (ungeschält!) im Schnellkochtopf gegart werden, entwickelt sich die Stärke wesentlich mehr als bei der konventionellen Garmethode. So gelingt ein besonders luftiges und schmackhaftes Püree, in dem noch viele gesunde Nährstoffe enthalten sind.

Aber auch beim *Einkochen* (Sterilisieren) kleiner Mengen sowie bei der Zubereitung von Konfitüren, Gelees, Chutneys u. ä. erweist sich der Schnellkochtopf als nützlicher Helfer. Obst, Pilze, Fleisch, Geflügel, Wild und Babykost lassen sich im Schnellkochtopf haltbar machen.

Fleisch

Unter dem allgemeinen Begriff **RINDFLEISCH** versteht man Fleisch von Ochsen, Färsen, Kühen, Bullen und Jungbullen. Ochsen sind kastrierte, männliche Tiere mit rotem, feinfaserigen und von hellen Fettadern durchzogenem Fleisch. Färsen sind junge, weibliche Tiere, die noch nicht gekalbt haben. Das Fleisch ist kräftig rot, feinfaserig und von Fettäderchen durchzogen, die es sehr zart und saftig machen. Jungbullen haben hellrotes bis dunkelrotes, sehr mageres Fleisch mit mittelfeiner bis kräftiger Faser. Kühe und Bullen sind die älteren Tiere. Das Fleisch ist dunkelrot bis braunrot mit gröberer Faser. Die Fettadern und die Fettränder sind mittel- bis dunkelgelb. Das Fleisch wird vorwiegend zu Herstellung von Wurst verwendet.

NÄHRWERTANALYSE	
pro 100 g	*Rind*
Kalorien	*67*
Eiweiß (g)	*21*
Fett (g)	*11*
Eisen (mg)	*2,4*
Zink (mg)	*3,8*
Magnesium (mg)	*19*
Vitamin B1 (mg)	*0,2*
Vitamin B12 (mg)	*1,8*
Vitamin B6 (mg)	*0,6*
Niacin (mg)	*9,3*

Das beste Bratenfleisch liefert die Keule. Sie stammt aus dem Hinterviertel des Rindes, einem großen Teilstück, in dem die Ober-, die Unterschale, die Blume und die Hüfte enthalten sind. Die Keule ist locker in der Gewebestruktur, feinfaserig, saftig und zart. Die Oberschale liefert Fleisch für Rouladen, die beim Schmoren schön weich werden. Auch Fleisch der Unterschale eignet sich sehr gut zum Schmoren: Sie liefert Fleisch für Rouladen, feine Rostbraten oder Gulaschgerichte. Die bekannten Hüftsteaks stammen – wie der Name schon sagt – aus der Hüfte des Rindes. Dieses Fleisch hat eine lockere Faserstruktur, ist von feinsten Fettäderchen durchzogen und deshalb zart und saftig.

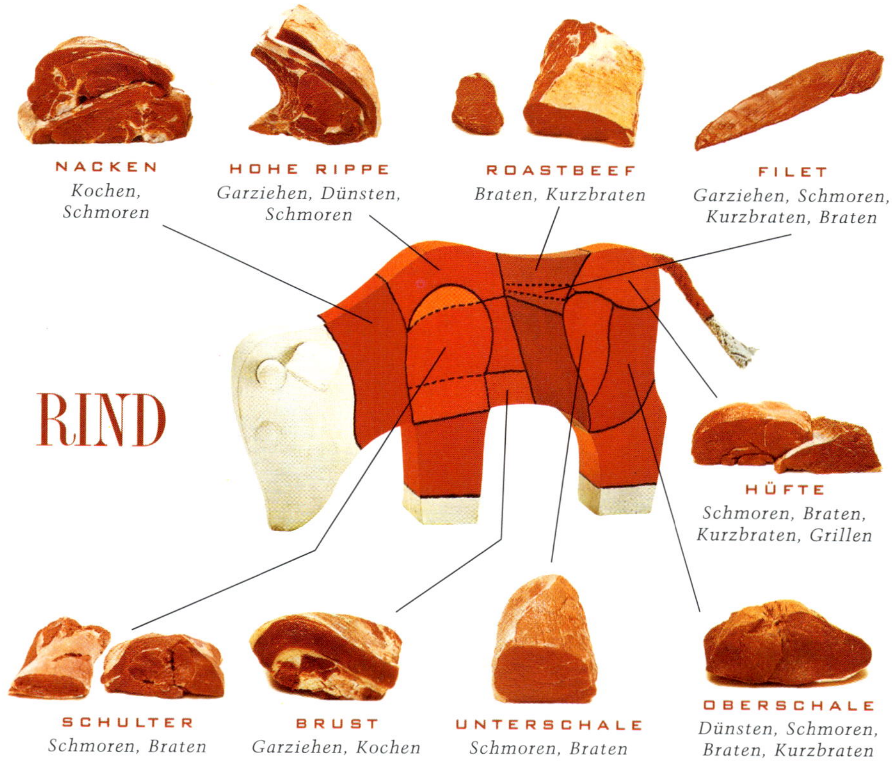

KALBFLEISCH ist feinfaseriger als Rindfleisch und hat zudem einen milderen Geschmack. Durch seinen geringen Anteil an Bindegewebe ist es besonders leicht verdaulich und benötigt nur geringe Garzeiten.

Die Kalbskeule wird in Ober- und Unterschale unterteilt, dessen Stücke sich zum Braten und, in Scheiben geschnitten, zum Kurzbraten eignen. Der Kalbsrücken liefert Koteletts zum Kurzbraten, und auch das zarte Filet eignet sich für schnelle Gerichte. Schulter-, Nacken- und Halsfleisch vom Kalb können gekocht oder geschmort werden, ebenso das Brustfleisch, das sich ausgelöst hervorragend für Gulasch oder Ragouts verwenden läßt. Nicht zu vergessen die Kalbshaxen, die besonders vielseitig zubereitet werden können – gekocht, geschmort oder gebraten.

Achten Sie beim Kauf von Rind- und Schweinefleisch auf das CMA-Siegel. Es garantiert die deutsche Herkunft und Kontrollen von der Aufzucht über Haltung, Fütterung und Transport bis zur Hygiene in der Theke.

Frisches **LAMMFLEISCH** erfreut sich einer wachsenden Beliebtheit. Da die Lämmer vorwiegend auf Weiden gehalten werden, ist ihr Fleisch besonders aromatisch und zart. Lammfleisch zeichnet sich nicht nur durch seinen hervorragenden Geschmack aus, es enthält auch unentbehrliches Eiweiß sowie lebenswichtige Vitamine, Mineralstoffe und Spurenelemente.

Besonders beliebte Teilstücke vom Lamm sind die Lammkeule, aus der sich saftige Braten zubereiten lassen, und der Lammrücken, der für Lammkoteletts oder Rollbraten verwendet wird. Der Hals und die Brust von Lämmern eignen sich für Ragout oder Gulasch. Fleisch für Schmorbraten und zum Kochen liefert das Schulterfleisch.

Bei der Zubereitung von Lammfleisch sollten Sie den Fettrand nicht entfernen, denn er liefert das typische Aroma und trägt entscheidend zur Zartheit und Saftigkeit des Fleisches bei.

NÄHRWERTANALYSE

pro 100 g	*Kalb*	*Lamm*
Kalorien	154	240
Eiweiß (g)	20	17
Fett (g)	6,5	17
Eisen (mg)	1,9	1,6
Zink (mg)	2,8	2,7
Magnesium (mg)	15	16
Vitamin B1 (mg)	0,1	0,1
Vitamin B12 (mg)	1,9	1,5
Vitamin B6 (mg)	0,8	0,5
Niacin (mg)	6,1	7,1

SCHWEINEFLEISCH stammt von jungen Mastschweinen, die im Alter von 7 bis 8 Monaten geschlachtet werden. Das rosafarbene bis hellrote Fleisch ist feinfaserig und zart. Eine deutlich sichtbare Marmorierung trägt dazu bei, daß das Fleisch bei der Zubereitung saftig wird, und sorgt für den guten Geschmack.

Das wertvollste Teilstück des Schweins ist die Keule, die auch als Schinken bezeichnet wird. Ober- und Unterschale liefern saftige Braten oder Schnitzel, während sich das durchwachsene Fleisch vom Nacken für die sogenannten Kamm- oder Nackenkoteletts zum Kurzbraten eignet. Aus der Schweineschulter und der dikken Rippe des Schweines, die zwischen Bauch und Schulter liegt, lassen sich kräftige Schmor- oder Rollbraten herstellen. Das Kotelettstück des Schweins wird zu Stielkoteletts oder zu Kasseler verarbeitet. Das Filet liefert mageres und zartes Fleisch zum Braten oder für saftige Medaillons. Schweinehaxen können entweder knusprig gebraten oder gegrillt, aber auch als Kochfleisch verwendet werden. Die etwas fetteren Teilstücke wie Schweinebauch und Rückenspeck sind besonders beliebt in deftigen Eintöpfen, für Braten oder kleingeschnitten als Geschmacksverfeinerung von Fleischgerichten, für Saucen oder Salate.

NÄHRWERTANALYSE pro 100 g	Schwein
Kalorien	175
Eiweiß (g)	20
Fett (g)	9
Eisen (mg)	1,4
Zink (mg)	2,4
Magnesium (mg)	25
Vitamin B1 (mg)	0,8
Vitamin B12 (mg)	2,8
Vitamin B6 (mg)	0,7
Niacin (mg)	8,3

Die bisher gebräuchlichen Nährwerttabellen enthalten Fett- und Kalorienwerte von Rind- und Schweinefleisch, die nicht mehr der heutigen Fleischbeschaffenheit entsprechen. Insbesondere Schweine sind durch geänderte Zuchtmethoden heute magerer, sie haben weniger Speck und Fett und damit auch weniger intramuskuläres Fett. Zudem wird Fleisch auf Wunsch der Verbraucher magerer zugeschnitten. So haben heute beispielsweise Stücke zum Braten im Vergleich zu früher so gut wie kein Oberflächenfett mehr, weil es bereits beim Zuschnitt entfernt wird.

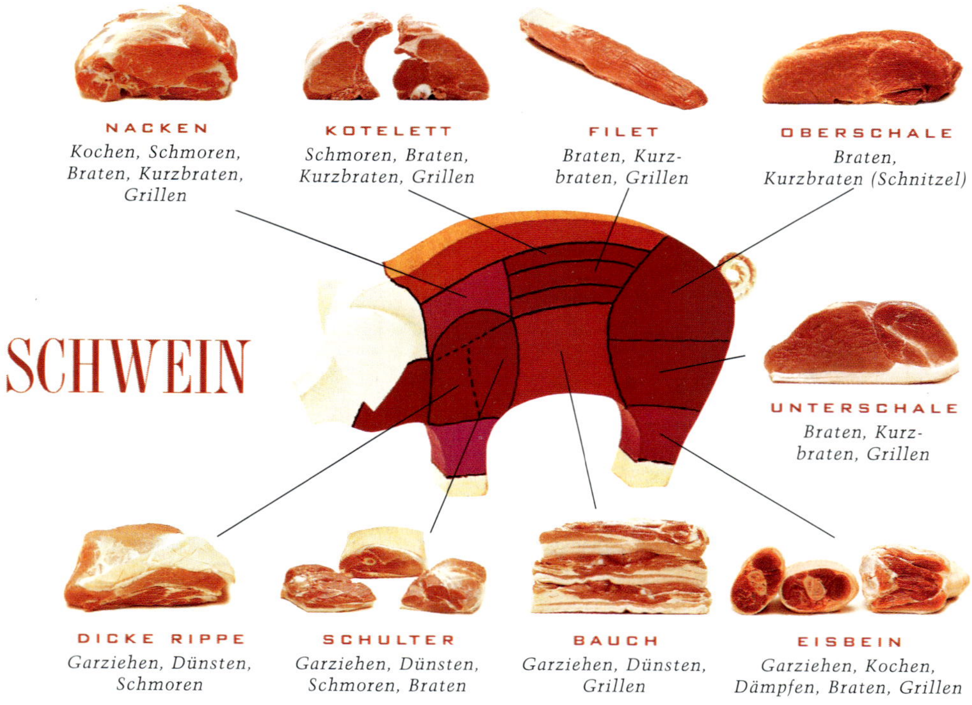

Geflügel

HÄHNCHEN & PUTENFLEISCH zählen zu den beliebtesten Geflügelsorten und nehmen inzwischen einen beachtlichen Platz in der Fleisch- und Wursttheke ein. Mit rund 20 % Eiweißgehalt stehen sie an der Spitze der tierischen Eiweißlieferanten. Hähnchen- und Truthahnfleisch überzeugen aber nicht nur im Geschmack, sondern auch mit besonderen Inhaltsstoffen: Sie sind arm an Kalorien, aber reich an Eiweiß, Vitaminen – vor allem B1 und B2 – und Mineralstoffen. Hähnchen sind im Ganzen oder in Teilstücken (Brustfleisch, Schenkel, Flügel) erhältlich, während man Putenfleisch vorwiegend in Teilstücken kaufen kann. Bei der Pute unterscheidet man das Brustfleisch, die Flügel sowie Ober- und Unterkeulen. Während das Brustfleisch ein helles Aussehen hat und zart im Geschmack ist, liefern die Ober- und Unterkeulen ein dunkleres, kräftiger schmeckendes Fleisch, das sich für knusprige Braten, Rollbraten oder ein saftiges Gulasch eignet.

Durch ihren erstklassigen Geschmack hat sich die **ENTE** vom Saisonprodukt zu einem Dauerbrenner in der heimischen Küche entwickelt. Denn: Enten aus Deutschland kommen ausschließlich als voll ausgewachsene Enten in der Qualitätsstufe „junge Ente“ und „junge Barbarie-Ente“ (Flugenten) auf den Markt. Außerdem werden neben ganzen und halben Tieren auch zunehmend Teile wie Entenbrust, -filets und -keulen angeboten und immer häufiger verlangt. Besonders beliebt sind Barbarie-Enten. Sie haben – im Vergleich zu ihrem Haut- und Fettanteil – mehr Brust- und Schenkelfleisch.

NÄHRWERTANALYSE

pro 100 g	*Geflügelfleisch**
Kalorien	*120*
Magnesium (mg)	*20*
Eiweiß (g)	*24*
Vitamin B1 (mg)	*0,1*
Fett (g)	*1*
Vitamin B12 (mg)	*0,5*
Eisen (mg)	*1,0*
Vitamin B6 (mg)	*0,6*
Zink (mg)	*1,8*
Niacin (mg)	*15,7*

* Hähnchen, Pute

Geflügel ist aufgrund seines hohen Anteils an tierischem Eiweiß ein ernährungsphysiologisch wichtiges Lebensmittel im Rahmen einer gesunden Ernährung. Es ist in der Regel fettarm, Brustfleisch enthält beispielsweise nur ca. 1 % Fett.

& Eier

Das **HÜHNEREI** gehört zu den nährstoffreichsten und kostengünstigsten Nahrungsmitteln. Es hat die höchste biologische Eiweißqualität aller natürlichen Nahrungsmittel und liefert erhebliche Mengen an Kalzium, Phosphor, Magnesium und Kalium sowie Eisen, Kupfer, Mangan, Zink, Jod und Fluor. Das Hühnerei enthält außerdem alle B-Vitamine sowie die Vitamine A, E und K. Eier sind in verschiedenen Gewichtsklassen erhältlich (S, M, L, XL) und müssen mit dem Mindesthaltbarkeitsdatum gekennzeichnet werden. Eier sind beliebt zum Zubereiten von Eiergerichten, zum Backen und solo als Frühstücksei, aber auch zum Legieren von Suppen oder Saucen.

Milch- & Milchprodukte

MILCH ist aufgrund ihrer nährstoffreichen Zusammensetzung ein idealer Fitmacher für jeden Tag. Sie enthält wertvolles Eiweiß, fettlösliche Vitamine (A, D, E und K) sowie wasserlösliche Vitamine der B-Gruppe. Zu erwähnen ist insbesondere das Vitamin B2, das für das Wachstum und die Blutbildung benötigt wird, sowie das für die Knochen und die Zähne notwendige Kalzium. Außerdem enthält die Milch ein leicht verdauliches Milchfett, so daß sie für die meisten Menschen sehr bekömmlich ist. Zu den **MILCHFRISCHPRODUKTEN** werden alle Produkte gezählt, die aus Milch hergestellt und bald nach der Herstellung frisch verzehrt werden: *Buttermilch, Joghurt, Kefir, Dickmilch, körniger Frischkäse, Schichtkäse und Quark.* Außerdem gehören die zahlreichen *Sahnesorten* und *Dessertvariationen* dazu. Nahezu alle Milchfrischprodukte gibt es in verschiedenen Fettstufen, von Magerstufe bis hin zur Doppelrahmfettstufe, so daß für jeden Geschmack etwas dabei ist.

Nicht nur der hohe Gehalt an Kalzium macht die Milch zur Nummer 1 der Kalziumlieferanten, sondern auch deren gute Verfügbarkeit für den Menschen.

SAUERMILCHPRODUKTE wie Joghurt, Kefir und Dickmilch entstehen durch Zusatz von Milchsäurekulturen, welche für den säuerlichen Geschmack sorgen, und darüber hinaus die Verdauung positiv beeinflussen. *Buttermilch* entsteht automatisch bei der Butterherstellung. Sie ist sehr eiweißreich und enthält maximal 1 Prozent Fett. Außerdem liefert sie viel Kalzium und Lecithin. Durch den erfrischenden Geschmack ist Buttermilch ein hervorragender, kalorienarmer Durstlöscher.

Aus dem Rahm, der in der Molkerei bei der Herstellung von *Magermilch* gewonnen wird, entstehen viele Sahne-Erzeugnisse. Je höher der Fettgehalt ist, desto cremiger schmeckt das Produkt. Wird der Rahm durch Bakterienkulturen mild gesäuert, entstehen Sauerrahmprodukte, wie zum Beispiel *Schmand, Creme fraiche* oder *Sauerrahm*. Zu der Gruppe der **FRISCHKÄSE** werden unter anderem

Speisequark, *Schichtkäse* oder *körniger Frischkäse* gezählt. Diese Produkte werden ebenfalls mit Kulturen gesäuert und anschließend dick gelegt. Dadurch erhalten sie ihre Festigkeit und den leicht säuerlichen und cremigen Geschmack.

Käse

KÄSE ist nicht gleich Käse. Da gibt es viele Sorten und Namen – und jede schmeckt anders, obwohl manche Sorten äußerlich sehr ähnlich aussehen. Seinen Charakter und seine Geschmacksvielfalt verdankt der Käse den unterschiedlichen Landschaften, Klimazonen, Rinderrassen, Herstellungsverfahren und Reifezeiten.

Da die Milch der Rohstoff für die Käseherstellung ist, enthält Käse alle wichtigen Bestandteile der Milch, wie Eiweiß, Fett, Kalzium und Vitamin A. Teilweise sind diese Nährstoffe im Käse sogar in höheren Konzentrationen als im Ausgangsprodukt enthalten.

Käse wird nach dem Trockenmassegehalt (TM) in verschiedene Kategorien eingeteilt. Die Trockenmasse setzt sich aus den im Käse enthaltenen Bestandteilen wie Eiweiß, Fett, Vitamine und Mineralstoffe zusammen. Dabei wird der Wassergehalt nicht berücksichtigt.

Je höher der Trockenmassegehalt, desto niedriger ist der Wassergehalt und desto fester ist der Käse.

Im Handel sind Hartkäse (mind. 60% TM), Schnittkäse (mind. 49% TM), halbfester Schnittkäse (mind. 44% TM) und Weichkäse (mind. 35% TM) erhältlich. Zum **HARTKÄSE** gehören z. B. der Allgäuer Emmentaler, der Allgäuer Bergkäse oder der Chester. Tilsiter, Gouda und Edamer zählen zum Schnittkäse, Butterkäse und Edelpilzkäse dagegen zum halbfesten Schnittkäse. Favoriten unter den **WEICHKÄSE** sind Camembert, Brie, Romadur und Limburger. Desweiteren werden in der Käsetheke **SAUERMILCHKÄSE** (Harzer Käse, Olmützer Quargel, Handkäse oder Kochkäse) bzw. **SCHMELZKÄSESORTEN** angeboten.

Gemüse

Der größte Teil unseres Vitamin- und Mineralstoffbedarfs wird durch **GEMÜSE** gedeckt. Geschmack und hoher Nährstoffgehalt sind die unbestrittenen Stärken von Gemüse. Pflanzliche Lebensmittel sind nur im Energiegehalt gering, was ihnen – völlig zu Recht – den Ruf eines Schlankmachers eingebracht hat. Zusätzlich zu den Vitaminen und Mineralstoffen enthält Gemüse noch verschiedene Wirkstoffe, die sogenannten sekundären Pflanzenstoffe. Diese Substanzen können verschiedene Körperfunktionen günstig beeinflussen und sind in der Lage, Krankheitskeime abzuwehren. Frisches Gemüse und knackige Salate liefern die meisten Vitamine und Mineralstoffe. Ideal ist es, wenn Sie Gemüse aus einheimischer Produktion kaufen, um lange Transportwege, die den empfindlichen Inhaltsstoffen schaden, zu vermeiden.

Frisches Gemüse und knackige Salate liefern die meisten Vitamine und Mineralstoffe.

Gemüse sollte im Haushalt kühl und dunkel gelagert werden, denn auch das Tageslicht zerstört Vitamine und Nährstoffe. In einem kühlen Keller oder im Gemüsefach des Kühlschranks fühlt sich Gemüse am wohlsten. Bei der Zubereitung sollten Sie auf nährstoffschonende Garverfahren, wie z. B. Dünsten in wenig Wasser, achten. Ebenso sollte Gemüse zum großen Teil als Rohkost verzehrt werden: Alle Vitamine und Mineralstoffe bleiben erhalten, das gründliche Kauen macht schneller satt, und für eine einwandfreie Verdauung ist gesorgt.

SAUERKRAUT ist ein ausgesprochen kalorienarmes Nahrungsmittel und reich an wertvollen Vitaminen und Mineralstoffen. Bereits 200 g Sauerkraut decken mehr als den halben Tagesbedarf eines Erwachsenen an Vitamin C. Sauerkraut enthält neben dem natürlichen hohen Ballaststoffanteil auch noch Milchsäure, die die Darmflora positiv beeinflußt und Verdauungsstörungen entgegenwirkt.

Zur Herstellung von Sauerkraut wird gesunder, sauberer Weißkohl verwendet. Der geschnittene Weißkohl wird nach dem Putzen einem Gärprozeß unterworfen, der vor allem durch Milchsäurebakterien verursacht wird. Dadurch entsteht Sauerkraut, ein haltbares Lebensmittel mit guten geschmacklichen und gesundheitlichen Eigenschaften.

Die **KARTOFFEL** bietet neben ihrem feinen Geschmack besonders viel Vitamin C, das sich jedoch im Laufe der Lagerung langsam abbaut. Aus ernährungswissenschaftlicher Sicht ist die Kartoffel auch noch wegen der stärkehaltigen Kohlenhydrate, ihrem hochwertigen Eiweiß, den Vitaminen der B-Gruppe – vor allem das „Nervenvitamin" B1 – und ihrem Gehalt an Kalium und Magnesium zu empfehlen. Sie enthält kaum Fett und ist somit auch kein – wie jahrelang angenommen – Dickmacher, sondern ein idealer Fitmacher.

Die ideale Zubereitung der Kartoffel zur Erhaltung aller Nährstoffe ist in Form von Pell- oder Folienkartoffeln. Wenn Sie Kartoffeln lieber als Salzkartoffeln zubereiten, sollten Sie diese in wenig Wasser dünsten oder im Dampfdruckkochtopf zubereiten.

Den typischen Kartoffelkeller zur Aufbewahrung gibt es heute kaum noch. Sie sollten Ihre Kartoffeln dennoch kühl, dunkel und trocken lagern. Eine gute Alternative zur Lagerung ist auch der Kauf von Kartoffeln in kleinen Mengen. Dadurch verwenden Sie immer frische Ware.

Die Kartoffel ist aufgrund ihrer vielseitigen Verwendung und ihrer großen Sortenauswahl ein abwechslungsreicher Partner zu Fleisch, Fisch, Eiern, Wurst und Käse.

Obst

OBST schmeckt am besten so, wie die Natur es wachsen läßt: roh und frisch. Es läßt sich jedoch auch hervorragend warm zubereiten und findet zahlreiche Verwendungsmöglichkeiten, zum Beispiel als Dessert, in Kuchen oder gedünstet als Kompott. Obst gehört zu den nährstoffreichsten Lebensmitteln und liefertalle notwendigen Vitamine und Mineralstoffe zum Teil in großen Mengen. Trotz aller exotischen Früchte ist der Apfel immer noch die wichtigste Obstart in Deutschland und aufgrund seiner hervorragenden Lagerfähigkeit fast das ganze Jahr im Angebot. Es gibt zahlreiche Sorten: Elstar, Jonagold, Gloster, Boskop, Golden Delicious, Cox Orange oder Idared, um nur eine kleine Auswahl von über 15 auf dem Markt erhältlichen Sorten zu nennen.

Obst schmeckt am besten so, wie die Natur es wachsen läßt: roh und frisch.

Die anderen heimischen Obstsorten sind ebenfalls sehr beliebt: Vor allem im Mai, wenn der Frühling im vollen Gange ist, beginnt die Erdbeersaison. Erdbeeren sind nicht nur aufgrund ihrer wertvollen Inhaltsstoffe ein Hochgenuß. Ob pur oder als Kompott, als Süßspeise oder Dessert, zahlreiche Gerichte lassen sich mit Erdbeeren verfeinern.

Daneben sorgen alle anderen heimischen Obstsorten wie beispielsweise Birnen, Zwetschgen, Sauerkirschen und alle Arten von Beeren für Abwechslung auf dem Speiseplan.

Auch hier gilt das gleiche wie für Gemüse und Salate: Kaufen Sie möglichst Obst aus Deutschland, am besten aus Ihrer Region. Dadurch ist Frische und gute Qualität garantiert.

Fruchtsaft

Flüssiges Obst in Form von **FRUCHTSAFT** ist der saftige Aufsteiger. Ob Apfel- oder Birnensaft, ob Sauerkirsch-, schwarzer oder roter Johannisbeer-Nektar, die angebotene Sortenvielfalt läßt keinen Wunsch offen. Fruchtsäfte und Nektare sind ausgewogene Energiespender, reich an natürlichen Vitaminen und Mineralstoffen. Das optimale Verhältnis von Fruchtaromen, Fruchtzucker und Fruchtsäuren prägen den einzigartigen Geschmack.

Fruchtsäfte sind vor allem reich an natürlichem Vitamin C: Bereits ein Glas Apfelsaft deckt 25 Prozent des empfohlenen Tagesbedarfs eines Erwachsenen.

Zur Herstellung von Fruchtsäften dürfen nur Früchte verwendet werden, die frisch oder durch Kälte haltbar gemacht, gesund, zum Verzehr geeignet sind und die eine entsprechende Reife vorweisen. Für deutsche Fruchtsäfte und Fruchtnektare gilt weiterhin, daß grundsätzlich keine Konservierungs- und Farbstoffe zugegeben werden dürfen.

Ob Apfel- oder Birnensaft, ob Sauerkirsch-, schwarzer oder roter Johannisbeer-Nektar, die angebotene Sortenvielfalt läßt keinen Wunsch offen.

In vielen Arbeitsgängen entsteht aus Zuckerrüben Streuzucker, Würfelzucker, Puderzucker oder viele andere Zuckersorten.

Zucker

ZUCKER ist ein Naturprodukt, das aus Zuckerrüben gewonnen wird. Aus den kleingeschnittenen Rüben wird mit Hilfe von heißem Wasser der Zucker herausgelöst, der anschließend in vielen Arbeitsgängen eingedickt wird, bis sich Zuckerkristalle bilden. In weiteren Stufen entstehen dann aus diesen Kristallen Streuzucker, Würfelzucker, Puderzucker und viele andere Zuckersorten.

Zucker liefert dem Körper schnelle Energie, versüßt das Leben und verleiht Saurem eine pikante Note. Auf Zucker muß aus ernährungswissenschaftlicher Sicht nicht verzichtet werden, er ist für unseren Körper notwendig.

Brot & Backwaren

Brot läßt sich ideal mit anderen Lebensmitteln kombinieren und vielfältig zubereiten: als Pausenbrot, für den kleinen Imbiß und das Abendbrot, zum Picknick oder für die Party. Brot paßt zu vielen herzhaften oder süßen Spezialitäten.

BROT hat seit jeher einen festen Platz auf dem Speisetisch. Aus ernährungswissenschaftlicher Sicht ist dies zu begrüßen, da Brot nicht nur lebenswichtige Nährstoffe enthält, die Kraft und Ausdauer fördern. Die wertvollen Inhaltsstoffe des Korns machen Brot und Backwaren zu wichtigen Lieferanten von Vitaminen, Mineralstoffen und Ballaststoffen. Als fettarme Lebensmittel sowie Eiweiß- und Kohlenhydratträger tragen sie zu einer gesunden Kost bei.

Wichtigster Bestandteil von Brot und Backwaren ist das MEHL, das aus Getreidekörner gemahlen wird. Je dunkler das Mehl ist, desto mehr Schalenanteile enthält es, und um so höher ist sein Gehalt an Ballaststoffen, Mineralien und Vitaminen. Die Vielfalt der Mischungen aus Roggen- und Weizenmehl läßt eine große Auswahl an unterschiedlichen Brotsorten und Backwaren zu: Vom Weizenbrot, Mischbrot, Roggenbrot bis hin zum Kleingebäck ist heute nahezu alles erhältlich. Zu einer ausgewogenen Ernährung gehört auch Mehl, denn es liefert dem menschlichen Organismus viele wichtige Nährstoffe und Vitamine. Vor allem sind im Mehl wichtige Energiespender versteckt, die Kohlenhydrate. Sie geben uns Kraft und Ausdauer für viele Stunden. Daneben ist hochwertiges Eiweiß enthalten, welches für unser Wachstum erforderlich ist, sowie Ballaststoffe, die für eine gute Verdauung sorgen. Je nach Ausmahlungsgrad des Mehls unterscheidet man die Typen nach ihrem Aschegehalt. Ein helles Mehl der Type 405 beispielsweise ist fast ausschließlich aus dem kohlenhydrat- und eiweißreichen Mehlkörper des Weizens hergestellt und enthält kaum etwas von den Randschichten des Weizenkorns; im Gegensatz zum dunklen Weizenmehl der Type 1050, dessen Farbe durch die in ihm enthaltenen Getreiderandschichten bestimmt wird. Je mehr Getreiderandschichten ein Mehl enthält, desto höher ist sein Vitamin-, Mineral- und Ballaststoffanteil.

HINWEISE ZU DEN REZEPTEN

Die Rezepte wurden in vier verschiedene Rubriken eingeteilt, so daß Sie bestimmt für jeden Anlaß etwas finden. Die Auswahl reicht von kleinen Snacks für zwischendurch, schmackhaften Hauptgerichten, Ideen für das Grillfest bis zu festlichen Gerichten für besondere Anlässe. Außerdem präsentiere ich Ihnen süße Leckereien und Desserts für Naschkatzen sowie Kuchen zum Kaffee und spritzige Getränke. Die Rezepte sind, sofern nicht anders angegeben, für zwei Personen erstellt. Die Gerichte lassen sich jedoch durch entsprechende Erhöhung der Zutaten und gegebenenfalls durch Verlängerung der Garzeiten auch für eine größere Anzahl von Personen zubereiten.

Die Zeit- und Temperaturangaben bei den Rezepten beziehen sich auf normale Backöfen. Falls Sie mit Gas- oder Umluftherden arbeiten, rechnen Sie bitte die Werte entsprechend den Herstellerangaben um.

TL	= *Teelöffel*
EL	= *Eßlöffel*
Msp.	= *Messerspitze*
g	= *Gramm*
kg	= *Kilogramm*
l	= *Liter*
°C	= *Grad Celsius*
ca.	= *circa*

Klein und
muß

fein

auch mal sein

Keine Zeit für besonders aufwendige Gerichte? Aber raffiniert soll es trotzdem sein? Mit diesen feinen Rezepten liegen Sie immer richtig!

Camembert-Sandwich

MIT SPROSSENGEMÜSE UND SAUERRAHMDIP

Zutaten für 2 Personen

CAMEMBERT-SANDWICH

2 runde Camembert
2 Scheiben gekochter Schinken
1 EL Mehl
1 Ei
1 EL Butterschmalz
1 Tasse Semmelbrösel

SPROSSENGEMÜSE

150 g Champignons
100 g Radieschensprossen
1 TL Butter
Jodsalz
Pfeffer aus der Mühle

SAUCENDIP

1 Tasse Sauerrahm
4 EL Joghurt
80 g Paprikaschotenwürfel, bunt
1 EL Schnittlauchröllchen
1 EL gehackte Petersilie
2 Dillzweige
weißer Pfeffer
Jodsalz

◆ Camembert jeweils in vier Scheiben schneiden und dann zwei Scheiben mit gekochtem Schinken belegen und mit den anderen Camembertscheiben abdecken.

◆ Die gefüllten Scheiben erst in Mehl, dann in aufgeschlagenem Ei und zuletzt in Semmelbrösel panieren, das Ganze wiederholen, damit eine etwas dickere Panade entsteht und der Camembert nicht ausläuft.

◆ In heißem Butterschmalz beidseitig goldgelb ausbacken.

◆ In der Zwischenzeit für das Sprossengemüse Champignons in Scheiben schneiden und in Butter andünsten, Radieschensprossen dazugeben und mit Jodsalz und Pfeffer aus der Mühle würzen.

◆ Das Sprossengemüse auf Tellern verteilen.

◆ Für den Saucendip Sauerrahm, Joghurt, Kräuter und Paprikawürfel gut miteinander verrühren und mit Jodsalz und weißem Pfeffer abschmecken.

◆ Den ausgebackenen Camembert auf dem Sprossengemüse anrichten und den Saucendip dazu reichen.

Gutsherrentoast

MIT SCHWEINEFILET

Zutaten für 2 Personen

GUTSHERRENTOAST

4 Scheiben Schweinefilet à 50 g
Jodsalz
Pfeffer aus der Mühle
1 TL Butterschmalz
4 Scheiben Speck
4 Scheiben Tomaten
4 Scheiben Stangenweißbrot
4 Salatblätter

SAUCE

2 EL Sauerrahm
gehackte frische Kräuter
1 Knoblauchzehe
Jodsalz
Pfeffer aus der Mühle
1 rote Zwiebel

- Die Schweinefiletscheiben leicht klopfen und, mit Jodsalz und Pfeffer aus der Mühle gewürzt, in Butterschmalz beidseitig braten.
- Zu den Filetscheiben werden kurz die Tomaten- und Speckscheiben dazugelegt und miterhitzt.
- Auf je einer getoasteten Scheibe Stangenweißbrot ein Salatblatt, darauf die Filetscheiben, dann die Speck- und zum Schluß die Tomatenscheiben legen.
- Aus Sauerrahm, gehackten Kräutern und Knoblauch eine Sauce herstellen und mit Jodsalz und Pfeffer aus der Mühle pikant abschmecken.
- Den Toast damit leicht überziehen und mit den Zwiebelringen garnieren.

Mein Tip *Diesen Toast können Sie auch mit Medaillons von der Putenbrust zubereiten.*

Käsetörtchen

MIT SPECK UND ZWIEBELN

Zutaten für 2 Personen

KÄSETÖRTCHEN

MÜRBETEIG

200 g Mehl
100 g Butter
Jodsalz
Muskatpulver

ZWIEBELMASSE

80 g Speck (oder Schinken)
60 g Zwiebeln

EIERMASSE

1 Eigelb
1 EL Sahne
1 EL Sauerrahm
1 TL Schnittlauch
Jodsalz
Pfeffer aus der Mühle

60 g Allgäuer Emmentaler, grob gerieben
Schnittlauch zum Bestreuen

- Aus dem Mehl, der Butter sowie den Gewürzen einen Mürbeteig herstellen und etwa 30 Minuten lang kaltstellen.
- Anschließend den Teig ausrollen und kleine Tortenförmchen damit auslegen.
- Den Speck in kleine Würfel schneiden, in einer Pfanne leicht auslassen und die kleingeschnittene Zwiebel darin andünsten.
- Die Zwiebelmasse in die Förmchen füllen.
- Für die Eiermasse Eigelb, Sahne und Sauerrahm miteinander verrühren, den Schnittlauch dazugeben und mit Jodsalz und Pfeffer würzen.
- Mit einem Eßlöffel auf die Zwiebelmasse geben und zum Schluß gut mit geriebenem Emmentaler bestreuen.
- Im Ofen bei einer Temperatur von 180 bis 200° C etwa 20 Minuten goldgelb backen.
- Die Käsetörtchen aus der Form nehmen, mit Schnittlauch bestreuen und servieren.

Mein Tip *Wenn Sie möchten, können Sie dem Mürbeteig ein Eigelb zugeben. Der Teig wird dann geschmeidiger.*

Käsevariationen

Gefüllte Champignonköpfe und Tomaten

Zutaten für 4 Personen

KÄSEVARIATIONEN

GEFÜLLTE CHAMPIGNONS

8 große Champignons
120 g Bavariablu
80 g Schmelzkäse
1 EL Schnittlauchröllchen
Knoblauchsalz
Pfeffer aus der Mühle
8 Radieschen

GEFÜLLTE TOMATEN

8 kleine Tomaten
200 g Frischkäse
4 EL Joghurt
1 Msp. Curry
Jodsalz
weißer Pfeffer
bunte Paprikaschotenwürfel

GEFÜLLTE CHAMPIGNONS

◆ Den Stiel von den Champignons herausbrechen und die Pilze mit einem Tuch gut abreiben.

◆ Bavariablu mit einer Gabel gut zerdrücken, Schmelzkäse und Schnittlauch dazugeben, mit Knoblauchsalz und Pfeffer aus der Mühle würzen und alles zu einer cremigen Masse verrühren.

◆ Mit einem Spritzbeutel diese Masse in die auf den Kopf gestellten Champignonköpfe füllen und mit gehobelten Radieschen bestreuen.

GEFÜLLTE TOMATEN

◆ Die Tomaten oben abschneiden und mit einem kleinen Löffel das gesamte Kernhaus vorsichtig herausnehmen.

◆ Frischkäse mit Joghurt, Curry, Jodsalz und weißem Pfeffer gut verrühren und diese Masse mit einem Spritzbeutel in die Tomaten einfüllen.

◆ Mit verschiedenfarbigen Paprikaschotenwürfeln die gefüllten Tomaten dekorativ bestreuen und servieren.

Marinierte Entenbrust

AUF FENCHEL-TRAUBEN-SALAT

Zutaten für 2 Personen

MARINIERTE ENTENBRUST

2 Entenbrüste
Jodsalz
Pfeffer aus der Mühle
Beifuß
1 TL Butterschmalz

FENCHEL-TRAUBEN-SALAT

2 kleine Fenchel
150 g Trauben, blau und grün
2 EL gehackte Walnüsse
Pfeffer aus der Mühle, Jodsalz
2 EL Kräuteressig
1 EL Rapsöl

DRESSING

1 EL Körnersenf
1 TL Meerrettich
2 EL Weißwein
Pfeffer aus der Mühle
1 EL Kräuteressig
1 TL Rapsöl

- Die Entenbrust mit Jodsalz, Pfeffer und Beifuß würzen und in Butterschmalz von beiden Seiten gut anbraten.
- Fenchel putzen, waschen und fein hobeln, Trauben halbieren, entkernen und mit dem Fenchel vermischen. Die gehackten Walnüsse darüberstreuen und mit einer Marinade aus Rapsöl, Essig, Jodsalz und Pfeffer anmachen.
- Den Salat auf einem Teller schön anrichten.
- Für das Dressing Senf, Meerrettich, Weißwein, Pfeffer, Kräuteressig und Rapsöl miteinander vermischen.
- Die Entenbrust noch warm in Scheiben schneiden, zum Salat auf den Teller geben und mit dem Dressing marinieren.
- Dazu schmeckt Stangenbrot.

Marinierte Kalbsfilet

Mit Gartengemüse

Zutaten für 2 Personen

Mariniertes Kalbsfilet

200 g Kalbsfilet (kurz anfrosten)
1 TL Butterschmalz
1 rote Zwiebel
rosa Beeren
200 g Gemüse (Blumenkohl, Broccoli, Rosenkohl, Karotten)
1 Stange Frühlingslauch
1/8 l Gemüse- oder Fleischbrühe
Dill, Petersilie
2 EL Obstessig
1 EL Rapsöl
Jodsalz
Pfeffer aus der Mühle

Für die Marinade

1 TL scharfer Senf
2 EL gemischte Kräuter
1 TL Keimöl
3 EL Weißwein
1 EL Obstessig
1 EL Weinbrand

- Das geputzte und in Röschen bzw. in kleine Stücke zerteilte Gemüse in wenig Brühe dünsten.
- Anschließend mit Essig, Öl, Jodsalz, Pfeffer und den Kräutern marinieren und beiseite stellen.
- Das angefrostete Kalbsfilet in hauchdünne Scheiben schneiden. In heißem Butterschmalz von beiden Seiten kurz braten.
- Aus Senf, Kräutern, Keimöl, Weißwein, Essig und Weinbrand eine Marinade herstellen und über das auf Tellern angerichtete Kalbsfilet geben.
- Dann das Gemüse darübergeben und zum Schluß mit roten Zwiebelringen und rosa Beeren dekorativ anrichten.
- Dazu empfehle ich Stangenbrot.

Mein Tip *Das marinierte Kalbsfilet eignet sich auch als Vorspeise, wenn Sie Gäste erwarten, denn Sie können es gut vorbereiten.*

Marinierte Rinderbrust

IN KRÄUTERVINAIGRETTE

Zutaten für 2 Personen

MARINIERTE RINDERBRUST

500 g Rinderbrust (mager)
150 g Wurzelgemüse
1/2 Zwiebel
Jodsalz
Pfefferkörner, Wacholderbeeren
1 Lorbeerblatt

KRÄUTERVINAIGRETTE

5 EL Sherryessig oder Obstessig
3 EL Keimöl
4 EL Fond von eingelegten Gurken
30 g gehackte Zwiebeln
1/2 TL scharfer Senf
1/2 TL geriebenen Meerrettich
2 EL gehackte Kräuter
60 g Paprikaschotenwürfel, bunt
Kresse zum Garnieren
Jodsalz
Pfeffer aus der Mühle

◆ Die Rinderbrust in kochendes Salzwasser geben, aufkochen lassen und mehrmals abschäumen.

◆ Das Wurzelwerk, am besten als Bündel, sowie Pfefferkörner, Wachholderbeeren und Lorbeerblatt dazugeben und etwa 45 Minuten bißfest garen.

◆ Die Brust herausnehmen und zum Abkühlen beiseite stellen.

◆ Für die Kräutervinaigrette Essig, Öl, Gurkenfond, Senf und Meerrettich gut miteinander verrühren.

◆ Gehackte Zwiebeln, Kräuter und Paprikaschotenwürfel dazugeben und mit Jodsalz und Pfeffer aus der Mühle abschmekken.

◆ Die ausgekühlte Rinderbrust in dünne Scheiben schneiden und auf Tellern anrichten.

◆ Die Kräutervinaigrette kommt dekorativ darüber. Für kurze Zeit lassen wir das Ganze noch durchziehen. Mit Kresse garniert servieren.

Räucherforellenfilet

IN BLÄTTERTEIG
DAZU ZUCCHINISALAT

Zutaten für 2 Personen

RÄUCHER-FORELLENFILETS

2 geräucherte Forellenfilets
1 Päckchen Blätterteig (Tiefkühlprodukt)
4 Weißbrotscheiben
1 EL Butter
Petersilie, Dill
Eistreiche (1 Eigelb, 1 EL Wasser)

ZUCCHINISALAT

2 kleine Zucchini
80 g Paprikaschotenwürfel, bunt
Pfeffer aus der Mühle
Jodsalz
1 EL Rapsöl
2 EL Obstessig
2 EL Weißwein

◆ Aus dem Blätterteig 2 Platten à etwa 30 x 20 cm ausrollen.

◆ Eine Blätterteigplatte mit gebutterten Weißbrotscheiben belegen und darauf die Hälfte der feingehackten Kräuter verteilen.

◆ Darauf die geräucherten Forellenfilets nebeneinander legen. Zum Schluß noch einmal mit Kräutern bestreuen und die Ränder des Blätterteigs mit Eistreiche bestreichen. Die zweite Blätterteigplatte darauf legen.

◆ Je nach Wunsch können Sie den Blätterteig mit einem Messer in Form eines Fisches zuschneiden und mit einer bemehlten Gabel die Ränder des Teiges andrücken.

◆ Die Oberfläche mit der Gabel mehrmals einstechen, so daß der Teig nicht während des Backens aufreißt.

◆ Die „verpackte" Räucherforelle auf ein gefettetes Backblech legen und im Backofen bei einer Temperatur von 200° C ca. 15-18 Minuten backen.

◆ In der Zwischenzeit für den Zucchinisalat die Zucchini waschen, putzen und grob raspeln. Die gewürfelten Paprikaschoten untermischen und mit einer Marinade aus Rapsöl, Obstessig, Weißwein, Pfeffer und Jodsalz anmachen.

◆ Den Salat verteilen und die gebackene Forelle aufschneiden und dazu anrichten.

SENF

Rheinische Kalbsfleischsülze

MIT GEMÜSE

Zutaten für 4 Personen

RHEINISCHE KALBSFLEISCHSÜLZE

800 g Kalbsschulter
100 g Karotten
100 g Zucchini
150 g Paprikaschoten, bunt
100 g Schinken
gekochtes Eiweiß von 2 Eiern
2 EL Kräuter
(Petersilie, Schnittlauch)
1 Päckchen Sülzenpulver
Pfeffer aus der Mühle

DRESSING

gekochtes Eigelb von 2 Eiern
1 EL mittelscharfer Senf
1 EL Rapsöl
4 EL Kräuteressig
1/2 Tasse Weißwein
1 EL Schnittlauchröllchen
1 Eichblattsalat
200 g marinierte Pilze

◆ Die Kalbsschulter in Salzwasser bißfest kochen, anschließend auskühlen lassen und in kleine Würfel schneiden.

◆ Das Gemüse putzen, ebenfalls in kleine Würfel schneiden und kurz blanchieren.

◆ Den gekochten Schinken sowie das gekochte Eiweiß fein würfeln.

◆ Alles zusammen mit den fein gehackten Kräutern gut vermischen.

◆ Dann in eine Auflaufform einfüllen und leicht andrücken. Das Sülzenpulver wie auf der Packung angegeben zubereiten, mit Pfeffer würzen und über die Kalbsfleischmischung geben.

◆ Das Ganze im Kühlschrank gut fünf Stunden, am besten über Nacht, fest werden lassen.

◆ Für das Dressing das gekochte Eigelb fein zerdrücken und mit Senf, Öl, Essig, dem Weißwein und dem gehackten Schnittlauch verrühren.

◆ Bevor Sie die Sülze stürzen, sollten Sie sie in heißes Wasser eintauchen, bis sich die Sülze leicht vom Rand lösen läßt.

◆ Die Kalbsfleischsülze auf einem mit Eichblattsalat ausgelegten Teller anrichten und mit marinierten Pilzen garnieren.

◆ Dressing über dem Salat verteilen.

Rinderfilettoast

MIT BLAUSCHIMMELKÄSE

Zutaten für 2 Personen

RINDERFILETTOAST

2 Rinderfiletscheiben à 120 g
1 TL Butterschmalz
2 Scheiben Toastbrot
1 Birne
4 Scheiben Blauschimmelkäse
Jodsalz
Pfeffer aus der Mühle

◆ Das Butterschmalz erhitzen und die mit Jodsalz und Pfeffer gewürzten Filetscheiben beidseitig anbraten.

◆ Das angebratene Rinderfilet auf je eine Scheibe Toastbrot legen und die in Scheiben geschnittene Birne gleichmäßig darüber verteilen.

◆ Mit Blauschimmelkäse belegen und im Ofen bei einer Temperatur von 180° C etwa 3 Minuten überbacken.

◆ Zum Schluß mit Pfeffer aus der Mühle bestreuen.

Roastbeef

an Gemüsesülze mit Kräutersauce

Zutaten für 2 Personen

ROASTBEEF

300 g Roastbeefscheiben
(rosa gebraten)

GEMÜSESÜLZE

Gemüsefond
1 Päckchen Sülzenpulver, klar
300 g eingelegtes Sauergemüse im Glas
(z. B. Kürbis, Gurken, Maiskölbchen, Paprikaschoten, Perlzwiebeln, Erbsen)

SAUCE

3 EL Joghurt
3 EL Sauerrahm
2 EL Kräuter (Dill, Schnittlauch, Petersilie, Basilikum)
1 EL gehackte Essiggurken
1 gekochtes Ei, gehackt
Jodsalz
Pfeffer aus der Mühle

◆ Für die Gemüsesülze den Gemüsefond aufkochen und das Sülzenpulver nach Anleitung einrühren.

◆ Eine Jenaglasform mit sauer eingelegtem Gemüse zu 2/3 auslegen und mit der Flüssigkeit auffüllen.

◆ Im Kühlschrank gut 3 Stunden oder noch besser über Nacht fest werden lassen.

◆ Für die Sauce Joghurt, Sauerrahm, Kräuter, Gurken und Ei vermengen und mit Pfeffer und Jodsalz würzen.

◆ Die Roastbeefscheiben dekorativ auf einem Teller anrichten und die Gemüsesülze auf die Roastbeefscheiben stürzen und mit der Sauce überziehen.

Romadurnocken

AUF SALATAUSWAHL – KÄSESALAT MIT PAPRIKA

Zutaten für 2 Personen

ROMADURNOCKEN

125 g Romadur
200 g gekochte Kartoffeln
2 Eigelb
etwas Mehl
Jodsalz
Pfeffer aus der Mühle
Muskat
50 g geriebener Allgäuer Emmentaler
50 g Semmelbrösel
1 TL Butterschmalz

BLATTSALATE

Blattsalate der Saison
2 EL Keimöl
3 EL Balsamicoessig
Jodsalz
Pfeffer aus der Mühle
frisch gehackte Kräuter

KÄSESALAT

200 g Allgäuer Emmentaler
1 rote Zwiebel
80 g Paprikaschoten (rot, grün, gelb)
2 EL Öl
3 EL Balsamicoessig
Pfeffer aus der Mühle
Jodsalz
2 EL Lauchzwiebeln
50 g Champignons
5 Tomatenkirschen als Garnitur

◆ Den Romadur mit einer Gabel klein zerdrücken. Die gekochten Kartoffeln pellen und ebenfalls fein zerdrücken.

◆ Käse und die Kartoffeln zusammen mit Eigelb und Mehl mischen. Mit Jodsalz, Muskat und Pfeffer würzen.

◆ Aus der Masse kleine Nocken formen und diese in einer Mischung aus geriebenem Emmentaler und Semmelbröseln wälzen.

◆ Die Nocken in heißem Butterschmalz goldgelb ausbacken, nicht zu lange, damit der Käse nicht ausläuft.

◆ In der Zwischenzeit für den Salat aus Essig, Keimöl, Jodsalz, Pfeffer und den Kräutern ein Dressing herstellen und die Blattsalate damit anmachen.

◆ Die warmen Nocken zu dem Salat servieren.

◆ Allgäuer Emmentaler und die Paprikaschoten in feine Streifen schneiden und mit Zwiebelringen vermischen.

◆ Die feingehackten Lauchzwiebeln und die Champignonscheiben dazugeben. Aus Essig, Öl, Jodsalz und Pfeffer aus der Mühle einen pikanten Dressing herstellen und den Käsesalat damit anmachen.

◆ Mit geviertelten Tomatenkirschen garnieren.

Sommerliche Wurstsalate

Süss-sauer mit Radieschen, Senf und Champignons

Zutaten für 4 Personen

SALAT VON ROTWURST MIT RETTICH

300 g Rotwurst
100 g Rettich
Marinade:
6 Radieschen
4 EL Rotweinessig, 2 EL Keimöl
4 EL Gurkenfond von Essiggurken
Schnittlauch, Petersilie
Jodsalz
Pfeffer aus der Mühle

STADTWURSTSALAT MIT ZUCCHINI

300 g Stadtwurst
100 g Zucchini
Marinade:
1 Frühlingszwiebel
1 rote Zwiebel
4 EL Weißweinessig
2 EL Rapsöl
4 EL Gurkenfond, Basilikum
Pfeffer aus der Mühle
Jodsalz
1 EL süßer Senf

KRAKAUER WURSTSALAT MIT TOMATEN

300 g Krakauer
100 g Tomaten
Marinade:
80 g Champignons
1 Lauchzwiebel
4 EL Balsamicoessig
2 EL Keimöl
4 EL Gurkenfond
1 Knoblauchzehe
Zucker, Jodsalz
Pfeffer aus der Mühle

SALAT VON ROTWURST MIT RETTICH

◆ Die Radieschen fein raspeln und in eine Schüssel geben. Mit Rotweinessig, Keimöl, Gurkenfond, Schnittlauch, Petersilie, Jodsalz und Pfeffer aus der Mühle eine pikante Marinade herstellen.

◆ Die Rotwurst und den geschälten Rettich in feine Scheiben schneiden und mit der Marinade zu einem Salat anmachen.

STADTWURSTSALAT MIT ZUCCHINI

◆ Frühlingszwiebel und rote Zwiebel fein schneiden und mit Essig, Öl, Gurkenfond, Senf sowie den Kräutern vermischen. Mit Jodsalz und Pfeffer aus der Mühle kräftig abschmecken.

◆ Stadtwurst in feine Scheiben schneiden, und Zucchini mit der Marinade gut vermischen und gut durchziehen lassen.

KRAKAUER WURSTSALAT MIT TOMATEN

◆ Champignons und Lauchzwiebel in kleine Scheiben schneiden und mit dem fein gehackten Knoblauch, dem Essig, Keimöl, Zucker, Jodsalz und Pfeffer aus der Mühle eine feinsaure Marinade herstellen.

◆ Krakauer und Tomaten in feine Scheiben schneiden und mit der Marinade anmachen.

Zungensülze

Lachsschinkentaschen gefüllt mit Salat Waldorf

Zutaten für 2 Personen

ZUNGENSÜLZE

300 g gepökelte Schweinezunge
100 g gepökelte Rinderzunge
1 Essiggurke
100 g Champignons
Eiweiß von 1 gekochtem Ei
1 Frühlingszwiebel
80 g gekochte Linsen
80 g rote Paprikaschoten
1 Päckchen Sülzenpulver
Jodsalz
Pfeffer aus der Mühle
80 g Lachsschinken
150 g Salat Waldorf

◆ Die gekochten Zungen enthäuten und in kleine Würfel schneiden, ebenso die Essiggurke und die Paprikaschoten.

◆ Das gekochte Eiweiß hacken und die Frühlingszwiebel fein schneiden.

◆ Das Sülzenpulver wie auf der Packung angegeben zubereiten.

◆ Die vorbereiteten Zungen-, Gurken- und Paprikaschotenwürfel, gekochte Linsen, Eiweiß, Frühlingszwiebel und Champignonscheiben in die Flüssigkeit geben und mit Jodsalz und Pfeffer aus der Mühle abschmecken.

◆ In zwei kalt ausgespülte Formen abfüllen und für einige Stunden zum Gelieren in den Kühlschrank stellen.

◆ Die erkaltete und gestockte Sülze stürzen und auf Tellern anrichten.

◆ Lachsschinkenscheiben mit Waldorfsalat füllen und dazu reichen.

Mein Tip *Salat Waldorf können Sie auch selbst, aus in feine Streifen geschnittenem Knollensellerie und Äpfeln, herstellen. Angemacht wird das Ganze mit Sauerrahm oder Mayonnaise und Nüssen, abgeschmeckt mit Pfeffer, Salz und Worcestersauce.*

Genießen an

schläg

allen Tagen –

Alles, was das
Genießer-Herz begehrt.
Bekömmlich und gesund!

nicht auf den Magen

Bauernente

MAL SÜSS-SAUER IM RÖMERTOPF

Zutaten für 2 Personen

BAUERNENTE

1 halbe Bauernente
grüner Pfeffer
Wacholderbeeren
1/2 Zimtstange
1 Zwiebellauch
1 Knoblauchzehe

1 TL Butterschmalz
80 g rote Paprikaschoten
80 g grüne Paprikaschoten
80 g gelbe Paprikaschoten
80 g Fenchelknollen
80 g Mango
1 Tasse pürierte Tomaten
6 kleine Apfelpaprika
(süß-sauer eingelegt mit Saft)
1 EL Honig
1/2 Tasse Weißwein
1 kleines Bund Schnittlauch
Rosmarin
Fenchelsamen
Jodsalz

◆ Die Ente in größere Stücke zerteilen und mit grünen Pfefferkörnern, dem klein geschnittenen Zwiebellauch, Knoblauchzehe, Wacholderbeeren und Zimtstange marinieren.

◆ Butterschmalz erhitzen und die marinierten Entenstücke darin anbraten. Paprikaschoten und Fenchel in mundgerechte Stücke schneiden, dazugeben und kurz angehen lassen.

◆ Einen Römertopf gut mit kaltem Wasser abbrausen und die angebratenen Entenstücke mit Gemüse hineingeben.

◆ Die pürierten Tomaten, geviertelte Apfelpaprika mit Saft, klein geschnittene Mango, Schnittlauch, Honig und Weißwein dazugeben und mit Rosmarin, Fenchelsamen und etwas Jodsalz würzen.

◆ Alles vorsichtig vermengen und den Römertopf mit dem ebenfalls kalt abgebrausten Deckel verschließen und im noch kalten Backofen bei einer Temperatur von 200° C etwa 1 Stunde und 20 Minuten bißfest garen.

◆ Nochmals abschmecken und im Römertopf servieren.

Bayerischer Hütteneintopf

MIT FRISCHEM GEMÜSE IM RÖMERTOPF ZUBEREITET

Zutaten für 2 Personen

BAYERISCHER HÜTTENEINTOPF

1 Knoblauchzehe
120 g Rindfleisch (Schulter)
120 g Lammfleisch (Schulter)
120 g Schweinefleisch (Schulter)
1/2 l Gemüse- oder Fleischbrühe
Jodsalz
Pfeffer aus der Mühle
60 g rote Zwiebeln
80 g rote Paprikaschoten
80 g grüne Paprikaschoten
80 g gelbe Paprikaschoten
80 g Zucchini
1 Frühlingszwiebel
80 g Champignons
80 g Bohnen
1/2 kleine Aubergine
100 g Weißkraut
1 Knoblauchzehe
frische Kräuter

◆ Einen gewässerten Römertopf mit der Knoblauchzehe einreiben.

◆ Das Fleisch in mundgerechte Stücke schneiden und mit Jodsalz und Pfeffer aus der Mühle würzen.

◆ Das Gemüse putzen, waschen und in Streifen oder kleine Stücke schneiden.

Alles zusammen in den vorbereiteten Römertopf geben und mit der Brühe aufgießen.

◆ Zum Schluß mit gehacktem Knoblauch bestreuen und im noch kalten Ofen etwa 1 Stunde bei 220° C garen.

◆ Den Hütteneintopf mit frisch gehackten Kräutern bestreuen und im Römertopf servieren.

◆ Dazu sollten Sie ein herzhaftes Bauernbrot reichen.

Mein Tip *Das Bauernbrot kurz vor dem Aufschneiden noch einmal schnell in den Ofen geben und erwärmen.*

Currygeschnetzeltes

MIT CHAMPIGNONS UND CHICORÉE

Zutaten für 2 Personen

CURRYGESCHNETZELTES

250 g Schweinegeschnetzeltes (Schweineoberkeule)
1 TL Butterschmalz
Pfeffer aus der Mühle
1 TL Mehl
1/2 TL Curry
1 Frühlingszwiebel
100 g Champignons
2 Chicorée
1 Tasse Gemüsebrühe
4 EL Sahne
1 EL Kräuter, gehackt
Jodsalz
10 Tomatenkirschen

◆ Das Schweinegeschnetzelte in Butterschmalz von allen Seiten leicht anbraten und mit Pfeffer würzen.

◆ Anschließend mit Mehl und Curry bestreuen und die kleingeschnittene Frühlingszwiebel, die in Scheiben geschnittenen Champignons sowie den in Streifen geschnittenen Chicorée hinzufügen und mitdünsten.

◆ Mit der Gemüsebrühe aufgießen und leicht weiterköcheln lassen. Mit Sahne verfeinern, mit Kräutern und Jodsalz würzen und zum Schluß die geviertelten Tomatenkirschen unterrühren.

◆ Als Beilage empfehle ich Ihnen Spätzle oder Eiernudeln, die zusammen mit blanchierten Paprikaschotenwürfeln in Butter geschwenkt werden.

Mein Tip *Spätzle können Sie leicht selbst herstellen: Für 2 Portionen aus 250 g Mehl, 1 Ei, Salz und Wasser einen sämigen Teig herstellen und in kochendes Salzwasser einhobeln oder einfach durch den „Spätzleblitz“ drücken, aufkochen lassen – und fertig sind Ihre hausgemachten Spätzle.*

Eifeler Spießbraten

vom Schweinerücken

Zutaten für 4 Personen

EIFELER SPIESSBRATEN

1200 g Schweinerücken mit Bauchlappen und ohne Knochen
Jodsalz
Pfeffer aus der Mühle

FÜLLUNG

200 g Kalbsbrät
1 TL Butterschmalz
1/2 Zwiebel
1 Lauchzwiebel
1 Knoblauchzehe
Jodsalz
Pfeffer aus der Mühle

SAUCE

200 g Wurzelgemüse (Lauch, Karotten, Sellerie)
Lorbeerblatt
Wacholderbeeren
1 TL Butterschmalz
1/2 l Gemüsebrühe

◆ Den Schweinerücken in der Mitte aufschneiden, mit Jodsalz und Pfeffer aus der Mühle würzen.

◆ Die gehackte Zwiebel und Lauchzwiebel in Butterschmalz leicht andünsten, den klein gehackten Knoblauch dazugeben und mit Jodsalz und Pfeffer würzen.

◆ Diese Masse unter das Kalbsbrät mischen und auf den Schweinerücken streichen. Den Schweinerücken mit dem Bauchlappen zusammenrollen und mit einem Faden binden.

◆ In einer Bratpfanne das zerkleinerte Wurzelgemüse in Butterschmalz andünsten. Den Schweinerücken darauf legen, mit Gemüsebrühe angießen und Lorbeerblatt und Wacholderbeeren dazugeben.

◆ Im Ofen bei einer Temperatur von 200° C etwa 40 Minuten braten.

◆ Den Schweinerücken in Scheiben schneiden und auf einem Holzbrett anrichten. Nach Belieben die Sauce passieren, abschmecken und dazu reichen.

◆ Dazu den noch warmen Kartoffelsalat, der mit einem gehackten Ei verfeinert wurde, servieren.

Mein Tip *Für den Kartoffelsalat die Kartoffeln kochen, pellen und in Scheiben schneiden. Zwiebel- und Speckwürfel in Butter mit wenig Gemüsebrühe andünsten und auskühlen lassen. Aus Essig, Öl, Jodsalz, Schnittlauchröllchen und Pfeffer eine Marinade herstellen und den Kartoffelsalat damit anmachen.*

Filet Wellington

Sauce Hollandaise, ausgesuchtes Gemüse

Zutaten für 4 Personen

FILET WELLINGTON

800-1000 g Rinderfilet
Jodsalz
Pfeffer aus der Mühle
1 TL Butterschmalz
Blätterteig (Tiefkühlprodukt)
Eistreiche von einem Ei

FÜLLUNG

100 g Zwiebeln
150 g Champignons
1 Knoblauchzehe
1 TL Butter
2 EL gemischte Kräuter

GEMÜSE

200 g Karotten
200 g Zucchini
200 g Broccoli
200 g Kohlrabi
4 Tomaten
(geschält, entkernt und geviertelt)
1 TL Butter
Jodsalz
Pfeffer aus der Mühle

Sauce Hollandaise

◆ Rinderfilet mit Jodsalz und Pfeffer aus der Mühle würzen und kurz in Butterschmalz ringsherum anbraten, so daß sich die Poren schließen und kein Saft mehr heraustreten kann.

◆ Champignons und Zwiebeln kleinhacken und mit dem durchgedrückten Knoblauch in Butter dünsten.

◆ Anschließend etwas auskühlen lassen und die gehackten Kräuter untergeben.

◆ Den Blätterteig in zwei gleich große Rechtecke ausrollen und die Füllung darauf verteilen.

◆ Das Rinderfilet darauf legen und die Blätterteigränder mit Eistreiche bestreichen, dann das zweite Blätterteigrechteck darauf legen und die Ränder zusammendrücken.

◆ Oberseite ebenfalls mit Eistreiche abstreichen, mit einer Gabel einige Löcher einstechen und auf einem Backblech ins Backrohr schieben.

◆ Kurz mit etwas Wasser besprühen und im Ofen bei einer Temperatur von ca. 220° C etwa 30 Minuten backen.

◆ In der Zwischenzeit das Gemüse putzen und fein tournieren, d.h. in eine schöne Form bringen und in Butter und etwas Gemüsebrühe dünsten. Tomatenviertel dazugeben und mit erwärmen. Mit Jodsalz und Pfeffer aus der Mühle würzen.

◆ Das Rinderfilet aus dem Ofen nehmen, in Scheiben schneiden und zusammen mit dem Gemüse anrichten.

◆ Dazu Sauce Hollandaise reichen.

Forellenfilets

MIT ZITRONENSAUCE UND BLATTSPINAT

Zutaten für 2 Personen

FORELLENFILETS

4 Forellenfilets à 80 g
Jodsalz
weißer Pfeffer
Zitronensaft
1 EL Butterschmalz
80 g Zwiebeln
400 g Blattspinat

SAUCE

1 TL Butter
1 Frühlingsschalotte
Schale und Saft
von einer Zitrone
4 EL trockener Weißwein
Schnittlauch
Dill
Kresse
rosa Beeren

- Die Forellenfilets von beiden Seiten mit Jodsalz, Pfeffer und Zitronensaft würzen und in Butterschmalz beidseitig braten.
- Die klein geschnittenen Zwiebeln in Butterschmalz glasig dünsten, den blanchierten Blattspinat dazugeben und mit Jodsalz und Pfeffer kräftig würzen.
- Für die Sauce die kleingeschnittene Frühlingsschalotte in Butter dünsten, die geraspelte Zitronenschale, Zitronensaft sowie Weißwein dazugeben und leicht einkochen lassen.
- Zum Schluß die Kräuter und die rosa Beeren dazugeben.
- Die Forellenfilets auf Tellern anrichten und mit der Zitronensoße und dem Blattspinat servieren.
- Als Beilage empfehle ich Ihnen Sesamkartoffeln.

Mein Tip *Achten Sie beim Einkauf auf frische Forellen. Sie erkennen sie an klaren Augen und roten Kiemen.*

Gänsekeule

Mit Aprikosenfüllung und Apfelrotkohl

Zutaten für 2 Personen

Gänsekeule

2 deutsche Gänsekeulen
8 getrocknete Aprikosen
6 Backpflaumen
Pfeffer aus der Mühle
1 TL Butterschmalz
150 g Wurzelgemüse (Zwiebeln, Karotten, Sellerie, Lauch)
2 Tassen Gemüse- oder Fleischbrühe
1 Lorbeerblatt
einige Wacholderbeeren
1 Nelke
Pfefferkörner
Beifuß

Apfelrotkohl

1 Apfel
1 EL Preiselbeeren
1/2 Tasse Rotwein
1 Glas Rotkohl

- In die Gänsekeulen mit einem kleinen Messer Öffnungen einschneiden und mit den in Streifen geschnittenen Aprikosen spicken.
- Die Gänsekeulen nur mit Pfeffer aus der Mühle von allen Seiten würzen.
- Das Wurzelgemüse kleinschneiden und in Butterschmalz kurz anbraten.
- Mit der Brühe aufgießen, Backpflaumen in Stücke schneiden und mit Nelke, Lorbeerblatt, Wacholderbeeren, Beifuß und Pfefferkörnern dazugeben.
- Die gespickten Gänsekeulen hineinlegen und im Backofen bei 180 bis 200° C etwa 40 Minuten garen. Ab und zu wenden.
- Den Rotkohl kurz erhitzen und den in feine Scheibchen geschnittenen Apfel dazugeben und kurz mitdünsten.
- Mit Preiselbeeren und Rotwein den Rotkohl abschmecken.
- Als Beilage dazu empfehle ich Ihnen rohe fränkische Kartoffelklöße.

Gourmetspieß

MIT FILETS VON KALB, RIND, LAMM UND SCHWEIN

Zutaten für 2 Personen

GOURMETSPIESS

100 g Kalbsfilet
100 g Rinderfilet
100 g Schweinefilet
100 g Lammfilet oder Lammrücken
Jodsalz
Pfeffer aus der Mühle
1 TL Butterschmalz

GEMÜSE

100 g blanchierte Bohnen
100 g Paprikaschoten
100 g Karotten
1 Lauchzwiebel
1 EL Butter
Pfeffer aus der Mühle
Jodsalz

CREME ZUM ÜBERBACKEN

1 EL Frischkäse
2 EL eingedickte saure Sahne
1 TL Meerrettich
frisch gehackte Kräuter
bunter Pfeffer
2 Tomaten

Johannisbeeren zum Garnieren

◆ Die Filets in Scheiben schneiden und jede Fleischart nacheinander auf einem Spieß aufstecken.

◆ Leicht mit Jodsalz und Pfeffer würzen und in Butterschmalz von beiden Seiten braten.

◆ Das Gemüse putzen, waschen, in mundgerechte Stücke schneiden und in Butter dünsten. Mit Jodsalz und Pfeffer aus der Mühle würzen.

◆ Aus Frischkäse, saurer Sahne, Meerrettich und frisch gehackten Kräutern eine Sauce herstellen und mit Jodsalz und buntem Pfeffer pikant abschmecken.

◆ Tomaten in Scheiben schneiden und auf den Filetsspießen verteilen. Die Meerrettichcreme darübergeben und im Backofen oder Grill etwa 5 Minuten überbacken.

◆ Das Gemüse auf einem Teller anrichten und darauf die Gourmetspieße legen. Mit Johannisbeeren garnieren und servieren.

◆ Als Beilage empfehle ich Ihnen Kartoffelplätzchen.

Gutsherrenpastete

MIT GEMÜSE UND LINSEN

Zutaten für 2 Personen

GUTSHERRENPASTETE

300 g Kalbsbrät
80 g Karotten
80 g Sellerie
80 g Lauch
120 g gekochte Linsen
Jodsalz
weißer Pfeffer
2 EL gehackte Kräuter
2 gekochte Eier
4 Scheiben gekochter Schinken

- Karotten, Sellerie und Lauch in ganz feine Würfel schneiden.
- Das Kalbsbrät in einer Schüssel gut verrühren. Die gekochten Linsen, das in Würfel geschnittene Gemüse sowie die gehackten Kräuter dazugeben und alles gut miteinander vermengen.
- Mit Jodsalz und weißem Pfeffer abschmecken.
- Eine Alufolie 40 cm lang und 30 cm breit auslegen, mit Butter dünn bestreichen und die gekochten Schinkenscheiben nebeneinander darauf legen.
- Die Kalbsbrätmasse gleichmäßig darauf verteilen und am oberen langen Rand gekochte Eierviertel nebeneinander legen.
- Von oben nach unten alles zusammenrollen und die Enden der Folie gut zusammendrehen.
- Die Pastete im Backofen bei 180° C ca. 20 Minuten garen.
- Die Pastete aus dem Backofen nehmen, die Folie entfernen und die Rollpastete in Scheiben geschnitten servieren.
- Eine leichte Sahnesauce mit frischen Kräutern schmeckt am besten dazu.

Hähnchen auf Bayerische Art

MIT SPECK-BIER-SAUCE

Zutaten für 2 Personen

HÄHNCHEN AUF BAYERISCHE ART

1 Hähnchen
Jodsalz
Pfeffer aus der Mühle
Nadel und Faden zum Zunähen

FÜLLUNG

4 Semmeln (Vortag)
etwa 1/8 l Milch
1 Ei
1 TL fein gehackte Petersilie
1 TL Schnittlauchröllchen
etwas Majoran
50 g ausgelassener Speck
Jodsalz
Pfeffer aus der Mühle

SAUCE

50 g Speckwürfel
1 TL Butter
1/8 l Braunbier
Jodsalz
Pfeffer aus der Mühle
Majoran

◆ Das Hähnchen gut waschen und mit Küchenkrepp trockentupfen.

◆ Für die Füllung die Semmeln kleinschneiden, mit warmer Milch begießen, das Ei dazugeben, ebenso die Kräuter und den ausgelassenen Speck. Dann alles gut verrühren und mit Jodsalz und Pfeffer würzen.

◆ Das Hähnchen mit der Semmelmasse füllen, zunähen und von außen mit Jodsalz und Pfeffer würzen.

◆ In einer Bratpfanne Butterschmalz erhitzen, das gefüllte Hähnchen hineingeben und im Backofen bei einer Temperatur von 180 bis 200° C etwa 30 bis 35 Minuten garen.

◆ Für die Sauce Speckwürfel in etwas Butter auslassen, mit Braunbier und brauner Grundsauce aufgießen und einköcheln lassen. Mit Jodsalz, Pfeffer und etwas Majoran abschmecken.

◆ Das Hähnchen aus dem Ofen nehmen, halbieren und anrichten.

◆ Dazu empfehle ich Ihnen jungen Kohlrabi, mit Rahm und Petersilie verfeinert.

Hähnchenbrust

mit Gemüse und Bärlauch im Hühner-Römertopf

Zutaten für 2 Personen

HÄHNCHENBRUST

2 Hähnchenbrüstchen à 150 g
Jodsalz
Pfeffer aus der Mühle
1 TL Butterschmalz
100 g Lauch
100 g Zucchini
100 g Karotten
100 g Kohlrabi
8 Blätter Bärlauch
60 g rote Zwiebeln
1 Tasse Fleischbrühe
frischer Dill
Rosmarin

◆ Die Hähnchenbrüstchen mit Jodsalz und Pfeffer aus der Mühle würzen und in Butterschmalz von beiden Seiten rasch anbraten, damit sich die Poren schließen.

◆ In der Zwischenzeit Lauch, Zucchini, Karotten und Kohlrabi putzen und in mundgerechte Stücke schneiden.

◆ Römertopf „Das Huhn" in kaltem Wasser wässern und dann das Gemüse und die angebratenen Hähnchenbrüstchen hineinlegen.

◆ Mit der Fleischbrühe aufgießen, die klein geschnittenen Zwiebeln und die gehackten Kräuter darüberstreuen. Im nicht vorgeheizten Backofen bei einer Temperatur von 200 bis 220° C etwa 1 Stunde garen.

◆ Aus dem Ofen nehmen, mit dem kleingeschnittenen Bärlauch bestreuen und mit Jodsalz und Pfeffer abgeschmeckt im Römertopf servieren.

◆ Dazu empfehle ich Ihnen Schnittlauchkartoffeln, leicht in Butter geschwenkt.

Hähnchenbrustfilet

IM CHICORÉEMANTEL MIT AUSTERNPILZEN

Zutaten für 2 Personen

HÄHNCHENBRUSTFILET

2 Hähnchenbrustfilets à 180 g
bunter Pfeffer
Jodsalz
4 Salbeiblätter
Rosmarin
4 Scheiben gekochter Schinken
1 Chicorée
1 Schweinenetz
1 TL Butterschmalz

AUSTERNPILZE

200 g Austernpilze
1 TL Butter
1 gehackte Knoblauchzehe
Pfeffer aus der Mühle

◆ Brustfilets waschen und anschließend mit Küchenkrepp trockentupfen.

◆ Ein Filet mit Jodsalz und buntem Pfeffer würzen. Mit Salbeiblättern und dann mit den Schinkenscheiben belegen. Anschließend mit Rosmarin bestreuen und zum Schluß das zweite gewürzte Filet obenauf setzen.

◆ Den Chicorée waschen, den Strunk entfernen und die Hähnchenbrustfilets in die Chicoréeblätter einwickeln.

◆ Schweinenetz auslegen und die in Chicorée gehüllten Filets damit umwickeln.

◆ Das Ganze in heißem Butterschmalz ringsherum anbraten und anschließend im Backofen bei einer Temperatur von 180° C etwa 15 bis 20 Minuten garen.

◆ In der Zwischenzeit die Austernpilze putzen und in Butter kurz dünsten. Den gehackten Knoblauch dazugeben und mit Pfeffer aus der Mühle würzen.

◆ Die Hähnchenbrüste aufschneiden und die Austernpilze dazu reichen.

Herbstgemüsestrudel

AUF PILZBETT

Zutaten für 2 Personen

HERBSTGEMÜSE-STRUDEL

TEIG

150 g Mehl
1 Ei
1 EL Rapsöl
Prise Salz
lauwarmes Wasser

FÜLLUNG

80 g Blumenkohlröschen
80 g Broccoliröschen
80 g Karottenwürfel
80 g Zucchiniwürfel
80 g Kartoffeln
2 EL gehackte Kräuter
2 EL Schmand
Jodsalz
weißer Pfeffer
1 EL Sesam
2 EL Semmelbrösel
1 Eigelb

PILZBETT

1 TL Butter
120 g Champignons
3 EL Gemüse- oder Fleischbrühe
3 EL Sahne
Jodsalz
Pfeffer aus der Mühle

◆ Aus Mehl, Ei, Rapsöl, Salz und lauwarmem Wasser einen Strudelteig herstellen und einige Stunden ruhen lassen.

◆ Das gesamte Gemüse klein zerteilen und kurz bißfest dünsten.

◆ Schmand in einer Schüssel verrühren und das abgetropfte Gemüse dazugeben.

◆ Die rohen Kartoffeln fein darunter reiben, gehackte Kräuter dazugeben und mit Jodsalz und weißem Pfeffer abschmecken.

◆ Den Strudelteig hauchdünn auf einem bemehlten Tuch ausziehen, mit Semmelbrösel und etwas angeröstetem Sesam bestreuen und die Gemüsemasse darauf verteilen.

◆ Zu einem Strudel zusammenrollen. Eigelb mit etwas Wasser verquirlen und den Strudel damit bestreichen.

◆ Bei einer Temperatur von ca. 180° C etwa 25 Min. backen.

◆ In der Zwischenzeit für das Pilzbett Champignons in feine Scheiben schneiden und in Butter und Brühe andünsten.

◆ Die Sahne dazugeben und mit Jodsalz und Pfeffer abschmekken.

◆ Das Pilzbett auf Tellern verteilen und den aufgeschnittenen Strudel darauf anrichten.

Himbeerschnitzel

MIT EIERNUDELN

Zutaten für 2 Personen

HIMBEERSCHNITZEL

2 Schweineschnitzel
aus der Oberschale à 180 g
Jodsalz
Pfeffer aus der Mühle
1 TL Butterschmalz

NUDELN

80 g Eiernudeln
1 EL gehobelte Mandeln
1 EL Butter

SAUCE

1 EL Butter
1 TL Zucker
2 EL Sahne
2 EL Sauerrahm
150 g Himbeeren

◆ Die Eiernudeln in Salzwasser kochen.

◆ In der Zwischenzeit die Schnitzel von beiden Seiten mit Jodsalz und Pfeffer würzen und in Butterschmalz braten.

◆ Für die Sauce Butter schmelzen, mit dem Zucker verrühren und erhitzen, so daß der Zucker etwas karamelisiert.

◆ Dann mit der Sahne und dem Sauerrahm verrühren. Die Himbeeren vorsichtig dazugeben und leicht eindicken lassen.

◆ Die gehobelten Mandeln in etwas Butter anrösten und die gekochten Nudeln darin schwenken.

◆ Schnitzel auf Tellern anrichten und mit der Himbeersauce übergießen. Dazu die Eiernudeln reichen.

Hohe Rippe auf Rotweinsauce

MIT GEMÜSEPASTETE

Zutaten für 2 Personen

HOHE RIPPE AUF ROTWEINSAUCE

600 g Hohe Rippe
(Rinderlende am Stück)
2 EL süßer Senf
bunte Pfeffermischung, geschrotet
Majoran
1 EL Butterschmalz

SAUCE

100 g rote Zwiebeln
150 g Champignons
Pfefferkörner
1/2 Tasse Rotwein
1/2 Tasse Gemüsebrühe
4 EL Sahne

GEMÜSEPASTETE

400 g Gemüse nach Jahreszeit
3 Eier
1 Tasse Milch
Jodsalz
Pfeffer aus der Mühle
Muskat

◆ Süßen Senf mit Pfeffer und Majoran vermischen, die Rinderlende damit einreiben und in Butterschmalz von allen Seiten gut anbraten.

◆ Die Zwiebeln schälen und in kleine Stücke schneiden. Champignons in Scheiben schneiden.

◆ Zwiebeln und Champignons zum Fleisch in die Pfanne geben, ebenso ein paar Pfefferkörner. Alles gut anbraten, dann mit Rotwein und Gemüsebrühe aufgießen.

◆ Alles etwa 20 Minuten garen, dabei öfter wenden. Mit Sahne verfeinern und nochmals abschmecken.

◆ Für die Gemüsepastete das geputzte, gewaschene und kleingeschnittene Gemüse bißfest blanchieren, abtropfen lassen und in eine mit Alufolie ausgelegte Kastenform legen.

◆ Die Eier mit der Milch verquirlen und mit Jodsalz, Pfeffer und Muskat kräftig abschmecken.

◆ Über das Gemüse gießen und das Ganze im Backofen in einem Wasserbad bei einer Temperatur von 100 ° C etwa 35 bis 40 Minuten garen.

◆ Anschließend die Gemüsepastete aus der Form stürzen und in Scheiben schneiden.

◆ Das Fleisch zusammen mit der Pastete anrichten und mit der Rotweinsauce servieren.

Kalbsherz am Spieß

MIT GEDÜNSTETEM BLATTSPINAT

Zutaten für 2 Personen

KALBSHERZ AM SPIESS

350 g Kalbsherz
1/2 l Gemüsebrühe
120 g bunte Paprikaschoten
1 rote Zwiebel
2 Spieße
1 TL Butterschmalz

SPINAT

300 g Blattspinat
1/2 Tasse Gemüsebrühe
Pfeffer aus der Mühle
Knoblauchsalz

SAUCE

1 TL Butter
40 g Zwiebeln
2 Tomaten
80 g Egerlinge
1 EL Kräuter
Petersilie

Dill
Thymian
2 EL Sahne
1 Tasse Tomatensaft
Jodsalz
Pfeffer aus der Mühle

◆ Kalbsherz in der gewürzten Gemüsebrühe etwa 25 Minuten bißfest kochen, anschließend herausnehmen und in mundgerechte Stücke schneiden.

◆ In der Zwischenzeit das Gemüse putzen und ebenfalls in mundgerechte Stücke schneiden.

◆ Abwechselnd Stücke vom Kalbsherz, den Paprikaschoten und der Zwiebel auf die Spieße stecken und in Butterschmalz von allen Seiten braten.

◆ Den Blattspinat in wenig Gemüsebrühe dünsten und mit Knoblauchsalz und Pfeffer würzen.

◆ Für die Sauce die kleingeschnittenen Zwiebeln in Butter glasig dünsten. Tomaten enthäuten, entkernen, in kleine Stücke schneiden und dazugeben.

◆ Egerlinge in Scheiben schneiden und mit den Kräutern dazugeben. Mit Sahne und Tomatensaft auffüllen, durchkochen lassen und mit Pfeffer und Jodsalz abschmecken.

◆ Den gedünsteten Blattspinat auf Tellern anrichten. Darauf den Kalbsherzspieß legen und mit der Sauce übergießen.

Kalbsleber auf Frühlingslauch

MIT BASILIKUMTOMATEN

Zutaten für 2 Personen

KALBSLEBER AUF FRÜHLINGSLAUCH

300 g Kalbsleber
Pfeffer aus der Mühle
1 TL Butterschmalz
Jodsalz

BASILIKUMTOMATEN

3 Tomaten
1 TL Butter
10-12 Blätter Basilikum
Jodsalz
Pfeffer aus der Mühle

FRÜHLINGS-LAUCHGEMÜSE

200 g Frühlingslauch
1 EL Butter
4 EL Gemüsebrühe
4 EL Sahne
Jodsalz
Pfeffer aus der Mühle

◆ Die Kalbsleber mit Pfeffer würzen und von beiden Seiten in Butterschmalz braten. Dann leicht mit Jodsalz würzen.

◆ Die Tomaten oben kreuzweise einschneiden, kurz in heißes Wasser legen, schälen, entkernen, in Viertel schneiden und dann in etwas Butter dünsten. Den grob zerkleinerten Basilikum darunterheben und mit Jodsalz und Pfeffer abschmecken.

◆ Den Frühlingslauch der Länge nach aufschneiden und waschen. Anschließend in mundgerechte Stücke schneiden und in Butter mit wenig Brühe dünsten. Die Sahne dazugeben und das Ganze ein wenig einkochen. Mit Jodsalz und Pfeffer würzen.

◆ Das Lauchgemüse auf Tellern anrichten, Kalbsleber darüberlegen und mit den Basilikumtomaten garnieren.

◆ Dazu empfehle ich Ihnen Kartoffelnudeln, die in wenig Butter gebraten werden.

Mein Tip *Falls Sie lieber Schweineleber verwenden wollen, sollten Sie diese über Nacht in Milch einlegen. Dadurch wird die Leber mild und zart.*

Kalbsschulter

in Kapernsauce

Zutaten für 2 Personen

Kalbsschulter

500 g Kalbsschulter
150 g Wurzelwerk
(Zwiebeln, Karotten, Sellerie)
Lorbeerblatt
Nelke
Wacholderbeeren
Jodsalz

Sauce

1 TL Butter
1 EL Mehl
1 Tasse kalte Milch
1 Tasse Kalbsbrühe
2 EL Sahne
Jodsalz
Pfeffer aus der Mühle
2 EL Kapern
80 g bunte Paprikaschotenwürfel
1 TL Butter

◆ Die Kalbsschulter zusammen mit dem Wurzelwerk, dem Lorbeerblatt, der Nelke und den Wacholderbeeren in Salzwasser kochen.

◆ Für die Sauce aus Butter und Mehl eine helle Schwitze zubereiten, mit kalter Milch aufgießen und gut verrühren.

◆ Anschließend etwas Brühe vom gekochten Kalbsfleisch dazugeben und das Ganze langsam kochen lassen. Mit etwas Sahne verfeinern und mit Jodsalz und Pfeffer würzen. Zum Schluß die Kapern dazugeben.

◆ Das Kalbsfleisch aus dem Topf nehmen, in Scheiben schneiden und anrichten.

◆ Die Kapernsauce darübergeben und mit den in etwas Butter gedünsteten Paprikaschotenwürfeln garnieren.

◆ Als Beilage empfehle ich Ihnen Dillkartoffeln.

Karpfenfilets

AUF WURZELGEMÜSE IM RÖMERTOPF „SUPERFISCH“

Zutaten für 2 Personen

KARPFENFILETS

2 Karpfenfilets
1/2 Zitrone
100 g Sellerie
100 g Karotten
1/2 Stange Lauch
1/2 Zwiebel
1 Tasse Weißwein
Pfefferkörner
Wacholderbeeren
1 Tasse pürierte Tomaten
1 Tasse Sauerrahm
1 kl. Bund Schnittlauch
Pfeffer aus der Mühle
Jodsalz
1 Lauchzwiebel
2 Dillzweige

- Die kalt abgewaschenen Karpfenfilets mit Zitronensaft beträufeln.
- Sellerie, Karotten, Lauch und Zwiebel in grobe Stücke schneiden.
- Den „Superfisch“-Römertopf in kaltem Wasser wässern und das Gemüse hineingeben.
- Mit Weißwein angießen und die Karpfenfilets darauflegen. Pfefferkörner und Wacholderbeeren ringsum streuen.
- Pürierte Tomaten mit Sauerrahm verrühren und die Schnittlauchröllchen dazugeben. Mit Jodsalz und Pfeffer aus der Mühle abschmecken.
- Diese Sauce zu den Karpfenfilets geben und den geschnittenen Dill und die Lauchzwiebel darüberstreuen.
- Den ebenfalls mit kaltem Wasser abgebrausten Römertopfdeckel aufsetzen und im nicht vorgeheizten Backofen bei 200° C etwa 50 Minuten garen.
- Die Karpfenfilets im „Superfisch“ servieren.
- Als Beilage eignen sich Petersilienkartoffeln.

Käse-Gemüseauflauf

im Auflaufrömertopf mit Körnern

Zutaten für 2 Personen

KÄSE-GEMÜSE-AUFLAUF

2 große Kartoffeln
2 EL Sahne
1 Karotte
1 Zucchini
1 kl. Kohlrabi
80 g Blumenkohl
80 g Broccoli
je 1/2 TL Sesam, Leinsamen, Kürbiskerne
80 g geriebener Allgäuer Emmentaler
2 Eier
1 Tasse Milch
1 EL gehackte Kräuter
Jodsalz
weißer Pfeffer

- Die Kartoffeln bißfest kochen, schälen, in Scheiben schneiden und mit der Sahne leicht cremig einkochen.
- Das gesamte Gemüse putzen, in mundgerechte Stücke zerteilen und in Salzwasser kurz blanchieren.
- Kartoffeln in eine gewässerte, mit Butter ausgestrichene Römertopf-Auflaufform geben.
- Das vorbereitete Gemüse darauf verteilen und mit dem geriebenen Emmentaler bestreuen.
- Aufgeschlagene Eier mit der Milch verquirlen. Die gehackten Kräuter, Kürbiskerne, Sesam und Leinsamen dazugeben. Mit Jodsalz und Pfeffer würzen und diese Masse über den Auflauf geben.
- Den Auflauf in den kalten Backofen stellen und bei ca. 200° C etwa 50 bis 60 Minuten backen.

Lammkeule im Römertopf

MIT FEINEN KRÄUTERN UND GEMÜSE

Zutaten für 2 Personen

LAMMKEULE IM RÖMERTOPF

1 kleine Lammkeule von etwa 600 g
Jodsalz
Pfeffer aus der Mühle
1 EL Butterschmalz
100 g Zwiebeln
80 g Bohnen
80 g Champignons
80 g Zucchini
80 g Karotten
80 g Frühlingszwiebeln
1 Tasse pürierte Tomaten
1/4 l braune Sauce
1 Knoblauchzehe
Frische Kräuter, z. B.: Thymian, Basilikum, Minze, Salbei

◆ Die Lammkeule mit Jodsalz und Pfeffer aus der Mühle würzen. In etwas Butterschmalz von allen Seiten kräftig anbraten.

◆ Anschließend die Keule herausnehmen. Die kleingeschnittenen Zwiebeln und die durchgedrückte Knoblauchzehe in die Pfanne geben und anschwitzen.

◆ Dann das geputzte, in mundgerechte Stücke geschnittene Gemüse dazugeben und kurz andünsten.

◆ Das Gemüse in den mit kaltem Wasser gut gewässerten Römertopf geben und mit den pürierten Tomaten und der Sauce aufgießen.

◆ Die angebratene Lammkeule darauflegen und mit den grob gezupften, frischen Kräutern bestreuen.

◆ Das Ganz im noch kalten Backofen etwa 1 $^{1}/_{2}$ Stunden bei ca. 220° C garen.

◆ Die Lammkeule aus dem Römertopf nehmen und aufschneiden. Das Gemüse und die Sauce abschmecken und zur Lammkeule anrichten.

Mecklenburger Bohnenfleisch

MIT RADIESCHEN

Zutaten für 2 Personen

MECKLENBURGER BOHNENFLEISCH

400 g Schweinebauch, geräuchert und gepökelt
1 Lorbeerblatt
5 Wacholderbeeren
2 Gewürznelken
1 ganze Karotte

300 g Bohnen
1 TL Butterschmalz
1/2 Zwiebel
1 Lauchzwiebel
1 kleingeschnittene Karotte
8 Radieschen
2 Kartoffeln, gekocht
Pfeffer aus der Mühle
etwas Brühe
Bohnenkraut
1 EL Schnittlauch

◆ Den Schweinebauch zusammen mit dem Lorbeerblatt, den Wacholderbeeren, den Nelken und einer Karotte ca. 30 bis 35 Minuten in Wasser kochen.

◆ Die Bohnen putzen, waschen und in mundgerechte Stücke schneiden.

◆ Fond vom gekochten Schweinebauch in einen Topf geben und die Bohnen darin bißfest garen.

◆ Die kleingeschnittene Zwiebel sowie die Lauchzwiebel in Butterschmalz andünsten, dann die geschälte und kleingeschnittene Karotte sowie die halbierten Radieschen dazugeben und etwa 10 Minuten mitdünsten.

◆ Die vorgekochten Kartoffeln in Scheiben schneiden, zu dem Gemüse geben und von allen Seiten leicht anbräunen. Mit Jodsalz und Pfeffer kräftig würzen.

◆ Zum Schluß die abgetropften Bohnen dazugeben und das Ganze mit etwas Brühe aufgießen. Das Bohnenkraut hinzufügen, kurze Zeit weiterköcheln lassen und abschmecken.

◆ Das Bohnengemüse auf Teller verteilen, den Schweinebauch in Scheiben schneiden und darüberlegen.

◆ Mit Schnittlauchröllchen bestreuen und servieren.

Oberpfälzer Wurstgröstl

MIT FRISCHEN KRÄUTERN

Zutaten für 2 Personen

OBERPFÄLZER WURSTGRÖSTL

100 g durchwachsener Speck
100 g Zwiebeln
1 TL Butter
etwas Gemüsebrühe
250 g ungepökelte Würste
250 g Kartoffeln, vorgekocht
Thymian
Majoran
Knoblauchsalz
Pfeffer aus der Mühle
2 EL Schnittlauch
2 EL Petersilie
2 Essiggurken
4 Eier

◆ Speck und Zwiebeln fein würfeln und in Butter mit wenig Gemüsebrühe andünsten.

◆ Die vorgekochten Kartoffeln und die Würste in Scheiben schneiden und dazugeben.

◆ Mit Thymian, Majoran, Knoblauchsalz und Pfeffer aus der Mühle würzen und gut anbraten.

◆ Die Essiggurken kleinschneiden und zusammen mit den Kräutern unterrühren.

◆ Zum Schluß die Eier mit einer Gabel oder einem Quirl aufschlagen und über das Wurstgröstl gießen.

◆ Leicht anstocken lassen, zu einem Omelett zusammenschieben und anrichten.

◆ Mit Schnittlauch bestreuen und mit Gurkenfächern garnieren.

Salz
Pfeffer

Ouvertüre von Filets

AN WARMEM PFEFFERDRESSING MIT PILZGEMÜSE

Zutaten für 2 Personen

OUVERTÜRE VON FILETS

120 g Schweinefilet
120 g Rinderfilet
120 g Kalbsfilet
Pfeffer aus der Mühle
Jodsalz
1 EL Kräuterbutter zum Bestreichen

SAUCE

1 Tasse braune Sauce
4 EL Sahne
1 EL rosa Beeren
Pfeffer aus der Mühle
Rosmarin
Basilikum

PILZGEMÜSE

100 g bunte Paprikaschotenwürfel
100 g Zucchini
200 g Pilze (Champignons, Egerlinge, Austernpilze)
1 EL Rapsöl
frisch gehackte Kräuter
1 Lauchzwiebel
Jodsalz
Pfeffer aus der Mühle

◆ Die Filets in ca. 1 cm dicke Scheiben schneiden. Das Fleisch mit Kräuterbutter bestreichen und mit Jodsalz und Pfeffer würzen. Anschließend auf den Grill legen und nur kurze Zeit von beiden Seiten garen.

◆ Lauchzwiebel kleinschneiden und in Butter andünsten.

◆ Paprikaschoten, Zucchini und Pilze in mundgerechte Stücke schneiden und dazugeben.

◆ Das Ganze kurz und knapp bißfest dünsten und mit Jodsalz und Pfeffer abschmecken. Mit Schnittlauch, Dill und Petersilie bestreuen.

◆ Die braune Sauce erhitzen, mit Sahne verfeinern, rosa Beeren, kleingeschnittenen Basilikum und Rosmarin dazugeben und mit Pfeffer aus der Mühle und Jodsalz abschmecken.

◆ Das Gemüse anrichten und die gebratenen Filetscheiben darauflegen. Mit der Pfeffersauce leicht überziehen.

◆ Dazu schmeckt deftiges Bauernbrot.

Mein Tip *Die kleinen rosa Beeren sind milder als Pfeffer und erinnern geschmacklich leicht an Wacholder.*

Ratsherrnschnitzel

MIT ZWIEBELKARTOFFELN

Zutaten für 2 Personen

RATSHERRNSCHNITZEL

4 dünne Schweineschnitzel à 80 g
Jodsalz
Pfeffer aus der Mühle

FÜLLUNG

80 g Schinken
60 g Allgäuer Emmentaler
60 g Champignons
1 EL Schnittlauch
Mehl
1 Ei
Semmelbrösel zum Panieren
1 TL Butterschmalz zum Ausbacken

ZWIEBELKARTOFFELN

1/2 rote Zwiebel
1 TL Butterschmalz
300 g gekochte Kartoffeln
Knoblauchsalz
Majoran
Kümmel
Pfeffer aus der Mühle
Jodsalz

- ◆ Die Schweineschnitzel leicht klopfen und auf beiden Seiten mit Salz und Pfeffer würzen.
- ◆ Für die Füllung den kleingewürfelten Schinken, den Emmentaler sowie die kleingeschnittenen Champignons und den Schnittlauch vermischen.
- ◆ Die Füllung auf zwei Schnitzel verteilen, die übrigen Schnitzel jeweils darauf legen und anschließend mit Mehl, dann mit Ei und schließlich mit Semmelbrösel panieren.
- ◆ In Butterschmalz von beiden Seiten goldgelb ausbacken.
- ◆ Für die Zwiebelkartoffeln die in Ringe geschnittene Zwiebel in Butterschmalz glasig dünsten, die in Scheiben geschnittenen gekochten Kartoffeln hinzufügen und anbraten.
- ◆ Mit Knoblauchsalz, Majoran, Kümmel, Jodsalz und Pfeffer kräftig würzen.
- ◆ Ratsherrnschnitzel mit den Zwiebelkartoffeln anrichten.
- ◆ Als weitere Beilage empfehle ich Ihnen einen Blattsalat mit Kräuterdressing.

Roastbeef in Kräutermarinade

MIT ALLGÄUER EMMENTALER

Zutaten für 2 Personen

ROASTBEEF IN KRÄUTERMARINADE

2 Scheiben Roastbeef à 180 g
2 Scheiben Brot

MARINADE

2 EL Rapsöl
2 EL gehackte Kräuter (Schnittlauch, Petersilie, Basilikum)
1 TL gestoßener Pfeffer
1 Knoblauchzehe

ZUM ÜBERBACKEN

2 Frühlingszwiebeln
100 g Tomatenwürfel (entkernt, enthäutet)
Knoblauchsalz
100 g Allgäuer Emmentaler

- Die Roastbeefscheiben in einer Mischung aus Rapsöl, frisch gehackten Kräutern, gestoßenem Pfeffer und gewürfeltem Knoblauch marinieren.
- Anschließend auf den heißen Grill legen und von beiden Seiten braten.
- In der Zwischenzeit die Frühlingszwiebeln in kleine Würfel schneiden, mit den Tomaten vermischen und mit Knoblauchsalz würzen.
- Diese Mischung auf das Roastbeef legen, mit dem gehobelten Allgäuer Emmentaler bestreuen und kurze Zeit überbacken.
- Die Brotscheiben ebenfalls auf den Grill legen und von beiden Seiten leicht toasten.
- Das Fleisch auf die Brotscheiben legen und anrichten.
- Als Beilage eignet sich ein deftiger Rettich-Radieschen-Salat.

Roastbeef in der Kräutersalzkruste

Mit Rahmspargel

Zutaten für 2 Personen

Roastbeef in der Kräutersalzkruste

500 g Roastbeef
Pfeffer aus der Mühle
Frische Kräuter
(Rosmarin, Basilikum, Estragon)
Eistreiche von einem Eigelb

Salzteig

200 g Mehl
80 g Jodsalz
1 Eiweiß

Rahmspargel

1 kg grünen oder weißen Spargel
1 l Wasser
1 EL Butter
Jodsalz
Zucker

Sauce

1 TL Butter
1 EL Mehl
3 EL Sahne
1/4 l Spargelsud
Jodsalz
weißer Pfeffer
Muskat

- Aus Mehl, Salz und Eiweiß einen Salzteig herstellen und etwas ruhen lassen. Anschließend den Teig dünn ausrollen und mit den frischen Kräutern belegen.
- Roastbeef mit Pfeffer würzen und darauflegen. Die Ränder des Teiges mit Eistreiche bestreichen und den Teig zusammenklappen.
- Das Ganze umdrehen, so daß die Ränder nach unten zeigen und die Oberfläche ebenfalls mit Eistreiche abstreichen.
- Im Ofen bei einer Temperatur von 200° C etwa 8 Minuten anbacken. Dann die Temperatur auf 90° C drosseln und 10 Minuten lang fertigbacken.
- Wasser mit Butter zum Kochen bringen. Mit Jodsalz und Zucker würzen und den geschälten Spargel darin bißfest garen. Herausnehmen und in mundgerechte Stücke schneiden.
- Aus Butter und Mehl eine Schwitze herstellen. Mit der Sahne und kaltem Spargelsud aufgießen, aufkochen und dann langsam weiterköcheln lassen.
- Die Spargelstücke unterrühren. Durchkochen und mit Pfeffer, Jodsalz und etwas Muskat abschmecken.
- Fleisch von der Kräutersalzkruste befreien und in Scheiben schneiden.
- Mit dem Rahmspargel servieren.

Schmetterlingssteaks

MIT KÄSEFÜLLUNG UND CHICORÉEGEMÜSE

Zutaten für 2 Personen

SCHMETTERLINGS-STEAKS

2 Steaks vom ausgelösten Schweinerücken à 180 g
Pfeffer aus der Mühle
Jodsalz
2 Scheiben Blauschimmelkäse
Salbeiblätter
1 EL Butterschmalz

CHICORÉEGEMÜSE

2 Chicorée
2 Frühlingszwiebeln
1 TL Butter
Jodsalz
Pfeffer aus der Mühle
3 EL Sahne
1 EL gehackter Schnittlauch

◆ Die Steaks auseinanderklappen und mit Pfeffer und Salz würzen. Den Käse darauflegen, ebenso die Salbeiblätter.

◆ Zuklappen, mit Holznadeln feststecken und in heißem Butterschmalz auf jeder Seite 6 bis 8 Minuten braten.

◆ Den Chicorée waschen und in breite Streifen, Frühlingszwiebeln in feine Streifen schneiden.

◆ Butter in einem Topf erhitzen und den Chicorée und die Frühlingszwiebeln kurz darin dünsten. Mit Jodsalz und Pfeffer würzen. Sahne dazugeben und kurz aufkochen lassen.

◆ Die Schweinesteaks zusammen mit dem Chicoréegemüse anrichten und mit Schnittlauchröllchen bestreuen.

Schweinerücken

IM RÖMERTOPF MIT RAHMWIRSING

Zutaten für 2 Personen

SCHWEINERÜCKEN

500 g Schweinerücken (ausgelöst)
weißer Pfeffer
Jodsalz
1 TL Butterschmalz
1 TL Butter
80 g Zwiebeln
1 Lorbeerblatt
einige Wacholderbeeren
1 Knoblauchzehe
Salbeiblatt
Majoran
2 Tomaten
6 Backpflaumen
6 getrocknete Aprikosen
6 getrocknete Apfelringe
1/4 l Fleisch- oder Gemüsebrühe

RAHMWIRSING

1/2 Kopf Wirsing
60 g Bauchspeck
60 g gehackte Zwiebeln
4 EL Gemüsebrühe
weißer Pfeffer
Jodsalz
Muskat
4 EL Sahne

◆ Den Schweinerücken mit Pfeffer und Jodsalz würzen und in heißem Butterschmalz ringsum anbraten.

◆ Den mit kaltem Wasser abgebrausten Römertopf innen mit Butter bestreichen und die kleingeschnittenen Zwiebeln, Tomaten, zerdrückte Knoblauchzehe sowie Lorbeerblatt, Wacholderbeeren, Salbei, Majoran und das zerkleinerte Trockenobst dazugeben.

◆ Den angebratenen Schweinerücken darauflegen und mit Brühe angießen.

◆ Mit dem abgebrausten Römertopfdeckel verschließen und im nicht vorgeheizten Backofen bei ca. 200° C etwa 1 Stunde garen.

◆ In der Zwischenzeit den Wirsing putzen, in Salzwasser blanchieren und dann grob hacken.

◆ Bauchspeck in Würfel schneiden und mit etwas Brühe auslassen. Zwiebeln dazugeben, kurz dünsten und den vorbereiteten Wirsing hinzufügen.

◆ Erhitzen, mit Sahne verfeinern und etwas einkochen lassen. Mit Pfeffer, Jodsalz und Muskat würzen.

◆ Als Beilage eignen sich Kartoffelnudeln, Petersilienkartoffeln oder auch kleine rohe Klöße.

Salz

Sommerliche Geflügelvariationen

Brust oder Keule?

Zutaten für 2 Personen

Gefüllte Hähnchenkeule auf Sommersalat

2 Hähnchenkeulen
30 g Karotten
30 g Zucchini
30 g Lauch
1 altbackene Semmel
1 Ei
Jodsalz
Pfeffer aus der Mühle
Auswahl an sommerlichen Salaten

Gebratene Hähnchenbrust auf Tomatensalat

2 Hähnchenbrüste
Jodsalz
Pfeffer aus der Mühle
6 Tomaten
Basilikum, Dill
60 g bunte Paprikaschoten

Dressing

1 TL mittelscharfer Senf
1/2 Knoblauchzehe
1 TL Meerrettich aus dem Glas
1 EL Rapsöl
4 EL Kräuteressig
3 EL Weißwein
Jodsalz
Pfeffer aus der Mühle
rosa Beeren
Schnittlauch, Dill, Petersilie

◆ Für das Dressing Senf, gehackten Knoblauch, Meerrettich, Öl, Essig und den Weißwein in einer kleinen Schüssel gut verrühren.

◆ Mit Jodsalz und Pfeffer aus der Mühle abschmecken. Rosa Beeren und die fein gehackten Kräuter untermischen.

◆ Für die Füllung der Hähnchenkeulen das Gemüse putzen, fein würfeln und zusammen mit dem Ei und der kleingeschnittenen, eingeweichten Semmel vermischen. Mit Jodsalz und Pfeffer abschmecken.

◆ Die Hähnchenkeulen entbeinen, eine kleine Tasche einschneiden und füllen. Mit einem Zahnstocher die Keulen zusammenhalten und in Butterschmalz gut durchbraten.

◆ Anschließend in Scheiben schneiden, auf dem Sommersalat dekorativ anrichten und mit dem Dressing marinieren.

◆ Die Hähnchenbrüste mit Jodsalz und Pfeffer würzen und in Butterschmalz goldbraun anbraten. Anschließend in feine Scheiben schneiden.

◆ Die Tomaten waschen, in Scheiben schneiden und auf einem Teller anrichten.

◆ Die Hähnchenbrustscheiben auf dem Teller verteilen, mit Basilikumblättern und Dillzweigen garnieren und mit dem Dressing marinieren.

◆ Zum Schluß kleine Paprikastücke auf dem Salat verteilen.

Stettiner Truthahnrollbraten

Mit Bleichsellerie

Zutaten für 2 Personen

STETTINER TRUTHAHN-ROLLBRATEN

500 g Truthahnrollbraten
Jodsalz
Pfeffer aus der Mühle
1 EL Butterschmalz
200 g Wurzelgemüse
(Karotten, Lauch, Zwiebeln)
1 Lorbeerblatt
Wacholderbeeren
Pfefferkörner
1/4 l Hühnerbrühe

GEMÜSE

200 g Bleichsellerie
80 g Karotten
80 g Zucchini
50 ml Gemüsebrühe
1 EL Butter
2 EL Mehl
1/8 l Gemüsebrühe
50 ml Sahne
Pfeffer aus der Mühle
Jodsalz

◆ Den Truthahnrollbraten mit Jodsalz und Pfeffer würzen und in Butterschmalz von allen Seiten gut anbraten.

◆ Das kleingeschnittene Wurzelgemüse dazugeben, ebenso Lorbeerblatt, Wacholderbeeren und Pfefferkörner.

◆ Das Ganze mit der Hühnerbrühe aufgießen und im Ofen bei 200° C etwa 40 Minuten garen.

◆ In der Zwischenzeit das Gemüse putzen, in mundgerechte Stücke schneiden und in 50 ml Gemüsebrühe bißfest dünsten.

◆ Aus Butter und Mehl eine helle Schwitze herstellen. Mit der kalten Gemüsebrühe aufgießen, gut verrühren und einkochen lassen, bis die Sauce leicht sämig ist.

◆ Das gedünstete Gemüse dazugeben, aufkochen lassen und mit Sahne verfeinern. Mit Jodsalz und Pfeffer abschmecken.

◆ Den Rollbraten aus dem Netz lösen und in Scheiben schneiden.

◆ Zusammen mit dem Rahmgemüse auf Tellern anrichten und servieren.

◆ Als Beilage empfehle ich Ihnen Kartoffeln, in wenig Butter geschwenkt und mit Petersilie verfeinert.

Teigtaschen

mit Linsen-Spinatfüllung und Fleischsauce

Zutaten für 2 Personen

Teigtaschen

200 g Mehl
1 Ei
1 EL Öl
1 Prise Jodsalz

Füllung

120 g braune Linsen
200 g Blattspinat
120 g Champignons
1 Eigelb
Jodsalz
weißer Pfeffer
20 g Öl oder Butter zum Ausbraten

Fleischsauce

120 g Rinderhack
80 g bunte Paprikaschotenwürfel
1 Tasse Tomatensaft
4 EL Gemüsebrühe
1 EL gehackte Kräuter

◆ Aus Mehl, Ei, Öl, Jodsalz und etwas lauwarmem Wasser einen Strudelteig herstellen und ca. 2 Stunden ruhen lassen.

◆ Die eingeweichten Linsen in Salzwasser bißfest kochen und mit dem blanchierten, gut abgetropften und kleingehackten Blattspinat sowie den ebenfalls zerkleinerten Champignons gut vermischen.

◆ Den vorbereiteten Teig auf einem mit Mehl bestreuten Brett ganz dünn ausrollen, kurz liegen lassen und dann mit einem Ausstecher oder Glas von der Größe einer Kaffeetasse Kreise ausstechen.

◆ Das Eigelb mit etwas Wasser verrühren und damit die Teigränder bestreichen.

◆ Jeweils eine kleine Menge von der Füllung in die Mitte der Teigscheiben geben.

◆ Die Teigscheiben zusammenklappen und mit einer Gabel die Ränder gut andrücken.

◆ Die Teigtaschen in kochendes Salzwasser geben und am Siedepunkt durchgaren.

◆ Anschließend die gut abgetropften Taschen in heißer Butter leicht goldgelb anbraten.

◆ Für die Sauce das Rinderhack in Butterschmalz anbraten. Paprikawürfel dazugeben, mit Tomatensaft und Brühe aufgießen und mit Jodsalz und Pfeffer abschmecken.

◆ Die Sauce auf Tellern verteilen und die gebratenen Teigtaschen darauf anrichten.

Terrine vom Rinderrücken

Champignonsalat mit Keimlingen

Zutaten für 2 Personen

TERRINE VOM RINDERRÜCKEN

80 g Lachsschinken
200 g Kalbsbrät
80 g bunte Paprikaschoten
80 g Zucchini
Jodsalz
grüne Pfefferkörner
2 Rumpsteaks à 200 g

CHAMPIGNONSALAT

200 g Champignons
150 g Keimlinge
1 EL Keimöl
1 EL Kräuteressig
Jodsalz
Pfeffer aus der Mühle

◆ Eine Kastenform mit Alufolie auslegen. Den dünn aufgeschnittenen Lachsschinken in die Kastenform – auch an den Seiten – einlegen.

◆ Das Kalbsbrät mit den in Würfel geschnittenen Paprikaschoten und Zucchini sowie den grünen Pfefferkörnern gut vermischen und mit Jodsalz würzen.

◆ Von dieser Masse die Hälfte in die Kastenform füllen. Darauf der Länge nach die mit Pfeffer gewürzten Rumpsteaks legen.

◆ Die restliche Brätmasse darübergeben, gut andrücken und die Kastenform mit Alufolie verschließen.

◆ Im Backrohr bei einer Temperatur von 160° C in etwa 20 bis 25 Minuten garen.

◆ Nach dem Auskühlen die Terrine aus der Form nehmen und in Scheiben schneiden.

◆ In der Zwischenzeit Champignons in Scheiben schneiden und in Öl leicht andünsten.

◆ Radieschensprossen und andere Keimlinge nach Wahl zu den ausgekühlten Champingons geben und mit etwas Kräuteressig, Jodsalz und Pfeffer abschmecken.

◆ Den Champignonsalat zu der aufgeschnittenen Terrine reichen.

Truthahneintopf

MIT HERBSTLICHEN GEMÜSEN

Zutaten für 2 Personen

TRUTHAHNEINTOPF

400 g Truthahnoberkeulen

MARINADE

1 gehackte Knoblauchzehe
Jodsalz
Pfeffer aus der Mühle

Oregano
Rosmarin
2 EL Weinbrand
1 EL Öl

60 g Zwiebeln
1 TL Butterschmalz
60 g gekochter Schinken
Nelke, Wacholderbeeren
100 g Rosenkohl
100 g Blumenkohl
100 g rote Paprikaschoten
1 Tasse Gemüse- oder Fleischbrühe
1 Tasse braune Sauce
Jodsalz
Pfeffer aus der Mühle
2 EL Sahne

- Truthahnkeulen entbeinen und in mundgerechte Stücke schneiden.
- Knoblauch, Gewürze, Weinbrand und das Öl gut vermischen und damit das vorbereitete Truthahnfleisch marinieren.
- Die kleingeschnittenen Zwiebeln sowie den in Würfel geschnittenen Schinken in das Butterschmalz geben. Dann die Truthahnstücke sowie die Nelke und die Wacholderbeeren dazugeben und von allen Seiten gut anbraten.
- Den Rosenkohl und den Blumenkohl in mundgerechte Stükke schneiden und in Salzwasser kurz blanchieren.
- Paprikaschoten kleinwürfeln und mit dem übrigen Gemüse zum Fleisch geben.
- Das Ganze mit der Brühe und der braunen Sauce aufgießen. Mit Pfeffer und Jodsalz würzen und etwa 20 Minuten bißfest garen.
- Zum Schluß mit etwas Sahne verfeinern, nochmals abschmekken und servieren.
- Dazu empfehle ich Ihnen selbstgemachte Kartoffelnudeln.

Westfälischer Pfefferpotthast

MIT MEERRETTICH

Zutaten für 2 Personen

WESTFÄLISCHER PFEFFERPOTTHAST

500 g Rindfleisch aus der Schulter
1/2 l Gemüsebrühe
100 g Zwiebeln
100 g Lauch
150 g Karotten
1 Frühlingszwiebel
Pfefferkörner
Majoran
Jodsalz
1 EL Meerrettich aus dem Glas
1 EL Schnittlauchröllchen

◆ Gemüsebrühe zum Kochen bringen, dann das in mundgerechte Stücke geschnittene Fleisch dazugeben.

◆ Zwiebeln, Lauch, Frühlingszwiebel und die geschälten Karotten in Scheiben schneiden und dazugeben.

◆ Pfefferkörner, Majoran und etwas Jodsalz hinzugeben und aufkochen lassen.

◆ Sobald der Potthast aufkocht, sollten die Eiweißstoffe von der Oberfläche abgeschäumt werden. Das Ganze etwa 35 bis 40 Minuten köcheln lassen und das Abschäumen wiederholen, so daß der Potthast schön klar wird.

◆ Ganz zum Schluß Meerrettich dazugeben und nochmals abschmecken.

◆ Mit Schnittlauch bestreut anrichten.

◆ Dazu empfehle ich Ihnen herzhaftes Bauernbrot und eingelegte Gewürzgurken.

Weihnachtsmenü

Kürbissuppe

Geschnetzelte Entenbrust

Lebkuchenparfait

Zutaten für 4 Personen

Kürbissuppe

750 g Kürbis
2 EL Weißweinessig
1 Gewürznelke
1/2 Zimtstange
3/4 l Gemüsebrühe
60 g Sahne
40 g geröstete Mandelblättchen
Jodsalz, Pfeffer aus der Mühle

◆ Kürbis schälen, entkernen und in kleine Stücke schneiden. In Brühe mit Weißweinessig, Nelke und Zimtstange etwa 35 Minuten weichdünsten.

◆ Nelke und Zimtstange herausnehmen und die Suppe pürieren. Steife Sahne unterheben und mit Jodsalz und Pfeffer abschmecken. Die Suppe mit Mandelblättchen bestreut servieren.

Geschnetzelte Ente mit Rosenkohl

800 g Rosenkohl
200 g Austernpilze
800 g magere Entenbrust
1 EL Butterschmalz
2 TL Tomatenmark
2 TL Mehl
1/4 l Geflügelfond
Rosmarin
Beifuß
Jodsalz
Pfeffer aus der Mühle
80 g Sahne

◆ Rosenkohl vierteln und in Salzwasser bißfest garen. Austernpilze und Entenbrust in Streifen schneiden, in heißem Butterschmalz in der Pfanne kurz anbraten und wieder herausnehmen.

◆ Tomatenmark in die Pfanne geben, mit Mehl bestäuben, verrühren und mit Geflügelfond auffüllen. Entenbrust, Pilze und Rosenkohl hinzufügen und alles bißfest garen lassen.

◆ Mit Sahne verfeinern und mit Beifuß, Rosmarin, Jodsalz und Pfeffer würzen.

◆ Dazu passen kleine Kartoffelknödel.

Lebkuchenparfait

3 frische Eigelb
60 g Zucker
Mark von 1/2 Vanilleschote
200 g Sahne
1 EL Grand Marnier
4 runde Lebkuchen

◆ Das Eigelb mit Zucker und dem Vanillemark in einer Schüssel im Wasserbad schaumig rühren. Schüssel herausnehmen und die Masse so lange schlagen, bis sie abgekühlt ist.

◆ Sahne steif schlagen und mit dem Grand Marnier vorsichtig unter die Eigelbmasse heben. Alles in vier große, mit Lebkuchen ausgelegte Tassen füllen und am besten über Nacht ins Gefrierfach stellen.

◆ Parfait auf einen Fruchtspiegel stürzen und servieren.

Wirsingröllchen

AUF PILZGEMÜSE
MIT BUNTEM PAPRIKA

Zutaten für 2 Personen

WIRSINGRÖLLCHEN

1 kleiner Kopf Wirsingkohl
200 g Rinderhack
80 g Paprikaschoten
(rot, gelb, grün)
5 EL Haferflocken
etwas Milch
1 EL Sesam
Jodsalz
Pfeffer aus der Mühle
1 EL gemischte Kräuter
(Schnittlauch, Dill, Petersilie)
1/2 Zwiebel
1 TL Butterschmalz
1 Tasse Gemüse- oder Fleischbrühe

PILZGEMÜSE

1/2 Zwiebel
1 TL Butterschmalz
100 g Champignons
100 g Egerlinge
80 g Paprikaschoten
(rot, gelb, grün)
4 EL Sahne
2 EL gemischte Kräuter
(Schnittlauch, Dill, Petersilie)

◆ Die Wirsingblätter blanchieren und den Strunk herausschneiden.

◆ Das Rinderhack mit dem Ei und den kleingewürfelten Paprikaschoten vermengen.

◆ Die in Milch eingeweichten Haferflocken und den Sesam dazugeben und mit Jodsalz und Pfeffer aus der Mühle würzen.

◆ Zum Schluß die gemischten Kräuter untermengen.

◆ Jeweils zwei bis drei Wirsingblätter übereinanderlegen, die Fleischfüllung daraufgeben und zu einer Roulade zusammenrollen.

◆ Die kleingeschnittene Zwiebel in Butterschmalz glasig dünsten. Die Wirsingröllchen dazugeben, kurz anbraten, mit der Brühe angießen und im Backofen bei 180° C etwa 25 Minuten garen.

◆ In der Zwischenzeit für das Pilzgemüse die kleingeschnittene Zwiebel in Butterschmalz kurz andünsten, die geputzten und in Scheiben geschnittenen Champignons und Egerlinge sowie die kleingewürfelten Paprikaschoten dazugeben und dünsten.

◆ Sahne angießen, etwas einkochen lassen und zum Schluß mit den frischen Kräutern bestreuen.

◆ Die Wirsingröllchen mit dem Pilzgemüse anrichten. Dazu empfehle ich Ihnen Kartoffelpüree.

Wurstschaschlik

MIT FEURIGEM PAPRIKAGEMÜSE

Zutaten für 2 Personen

WURSTSCHASCHLIK

2 dickere, lange Grillwürste
1 Zucchini
100 g Paprikaschoten, bunt
2 Frühlingszwiebeln
1 TL Keimöl

PAPRIKAGEMÜSE

200 g Paprikaschoten, bunt
100 g Zwiebeln
1 TL Butter
Currypulver
Paprikapulver
Jodsalz
Pfeffer aus der Mühle
1 Tasse pürierte Tomaten
1/2 Tasse Tomatensaft
Tabasco
Schnittlauch

- Grillwurst und Zucchini in 1 cm dicke Scheiben schneiden.
- Die Scheiben abwechselnd mit den in Stücke geschnittenen Paprikaschoten und den halbierten Frühlingszwiebeln auf zwei Spieße verteilen.
- Mit Keimöl bestreichen und auf einem heißen Grillrost oder in der Pfanne braten.
- In der Zwischenzeit die Paprikaschoten und die Zwiebeln in Streifen schneiden und zusammen mit etwas Butter leicht andünsten.
- Mit Paprika- und Currypulver sowie Jodsalz und Pfeffer aus der Mühle würzen, pürierte Tomaten und Tomatensaft dazugeben.
- Alles bißfest garen und eventuell mit Tabasco scharf abschmecken.
- Das Wurstschaschlik auf dem Paprikagemüse anrichten.

Zucker & Z

das Schlecken begi

Bei folgenden süßen Verführungen kann keine(r) widerstehen. Gut so – denn sie stecken voller gesunder Vitamine!

imt –
nt

Beerenguglhupf

MIT VANILLESAUCE UND ZITRONENMELISSE

Zutaten für 2 Personen

BEERENGUGLHUPF

500 g Beeren
(Heidelbeeren, Johannisbeeren, Stachelbeeren, Himbeeren, Brombeeren)
6 Blatt Gelatine
1/4 l Fruchtsaft
(Johannisbeer- oder Apfelsaft)

VANILLESAUCE

1/4 l Milch
Mark von einer Vanilleschote
3 Eigelb
2 EL Zucker

Zitronenmelisse zum Garnieren

◆ Die Beeren waschen und von den Stielen befreien.

◆ Eine Guglhupfform (oder eine andere Stürzform) mit den gemischten Beeren füllen.

◆ Den Fruchtsaft aufkochen lassen und die aufgelöste Gelatine hineingeben. Die Flüssigkeit über die Beeren geben, so daß alles bedeckt ist.

◆ Im Kühlschrank 4 bis 5 Stunden, am besten jedoch über Nacht, fest werden lassen.

◆ Für die Vanillesauce die Milch mit der Vanilleschote aufkochen. Das Eigelb mit dem Zucker in einer Schüssel gut verrühren und langsam die heiße Milch einrühren.

◆ Die Sauce am besten so lange in einem warmen Wasserbad schlagen, bis sie leicht sämig ist, anschließend kalt stellen.

◆ Die Guglhupfform in heißes Wasser tauchen und den Kuchen stürzen.

◆ Leicht mit der Vanillesauce begießen und mit Zitronenmelisse garnieren.

◆ Die restliche Sauce dazu servieren.

Birnen-Apfel-Torte

MIT QUARKFÜLLUNG

Zutaten

BISKUITBÖDEN

1 dunkler Biskuitboden
1 heller Biskuitboden

FÜLLUNG

1/4 l Milch
3 Eigelb
1 Vanilleschote
80 g Zucker
8 Blatt Gelatine
500 g Quark
125 g Joghurt
600 ml Sahne
20 g Zucker
2 Äpfel
2 Birnen
50 g Zucker
1/8 l Wasser

DEKOR

geröstete Mandeln
Apfel- und Birnenspalten
klarer Tortenguß

◆ Äpfel und Birnen schälen, in kleine Würfel schneiden und in Zuckerwasser bißfest blanchieren.

◆ Die Milch mit dem Zucker zum Kochen bringen und die Vanilleschote hinzufügen.

◆ Vom Feuer nehmen und mit dem Eigelb vermengen. Aufgelöste Gelatine, Quark und Joghurt unterrühren, bis eine sämige Masse entsteht.

◆ Sahne mit Zucker aufschlagen und zusammen mit den Birnen- und Apfelstücken unter die Masse heben.

◆ Eine Springform am Rand mit Backpapier auslegen und einen hellen Tortenboden hineinlegen.

◆ Die Hälfte der Masse einfüllen, den dunklen Boden darauf legen und den Rest der Masse aufstreichen.

◆ Im Kühlschrank etwa 5 Stunden fest werden lassen.

◆ Die Torte aus der Form nehmen, mit Apfel- und Birnenspalten belegen und den Rand mit gerösteten Mandeln verzieren.

◆ Die Torte zum Schluß mit klarem Tortenguß bestreichen und mit Sahnetupfen verzieren.

Erdbeer-Flocken-Torte

MIT SAHNECREMEFÜLLUNG

Zutaten

ERDBEER-FLOCKEN-TORTE

BRANDMASSE

250 g Milch
65 g Butter
125 g Mehl
2 g Salz
4 Eier
außerdem: Semmelbrösel

SAHNECREME

500 g Sahne
40 ml Rum
30 g Puderzucker
4 Blatt weiße Gelatine
500 g Erdbeeren
1 Mürbeteigboden
etwas Konfitüre
Puderzucker

◆ Milch mit Butter und Salz kurz aufkochen. Mehl hinzugeben und solange weiterrühren, bis sich die Masse vom Topfrand löst.

◆ Die Masse kurz auskühlen lassen und nach und nach die Eier unterrühren.

◆ Anschließend auf drei gefettete und mit Mehl bestreute Bleche je einen dünnen Boden aufstreichen und einen davon mit Semmelbrösel bestreuen. Die Böden werden bei einer Temperatur von 220° C und mit Wasserdampf ca. 15 bis 20 Minuten gebacken.

◆ Einen Mürbeteigboden mit Konfitüre bestreichen und mit einem Boden aus Brandmasse belegen.

◆ Die zuvor eingeweichte Gelatine auflösen, Rum zugeben und die mit Zucker geschlagene Sahne unterheben.

◆ Die Hälfte der Sahnecreme nun auf dem Boden gleichmäßig verstreichen und geviertelte Erdbeeren darauf verteilen.

◆ Erneut einen Boden aufsetzen und die restliche Sahnecreme darauf verstreichen. Die Torte 2 Stunden lang in den Kühlschrank stellen.

◆ Den Tortenrand leicht mit Sahne bestreichen und mit gerösteten, gehobelten Mandeln bestreuen.

◆ Den Streuselboden in Fächer schneiden und diese mit einem Sahnetupfen auf die Torte setzen.

◆ Die Torte vor dem Aufschneiden leicht mit Puderzucker bestäuben.

Frischkäsestrudel

MIT ZWETSCHGEN UND VANILLESAUCE

Zutaten

FRISCHKÄSESTRUDEL

STRUDELTEIG

150 g Mehl
1 Ei
1 TL Öl
ca. 90 ml lauwarmes Wasser

FÜLLUNG

100 g Frischkäse
200 g Quark
2 Eigelb
2 EL Weizengrieß
2 EL geriebene Nüsse
1 EL Zucker
400 g Zwetschgen oder Pflaumen
etwas Eistreiche (Eigelb mit etwas Wasser vermischt)

1/4 l Vanillesauce

◆ Aus den Zutaten für den Strudelteig einen glatten Teig herstellen, diesen kurze Zeit im Kühlschrank ruhen lassen und dann sehr dünn auf einem Küchentuch ausrollen.

◆ Den Frischkäse mit Quark, Eigelb, Grieß, Zucker und geriebenen Nüssen verrühren und die Masse dünn auf den Strudelteig streichen.

◆ Das Strudelende mit Eistreiche bepinseln. Anschließend mit den Zwetschgen belegen und mit Hilfe des Küchentuches zusammenrollen.

◆ Die seitlichen Enden nach unten klappen und den Strudel auf ein gefettetes Backblech legen.

◆ Die Oberfläche ebenfalls mit etwas Eistreiche bepinseln. Anschließend im Ofen bei einer Temperatur von 180-200° C etwa 25 Minuten backen.

◆ Den Frischkäsestrudel in Scheiben schneiden und mit der Vanillesauce servieren.

Gedeckter Rhabarberkuchen

MIT MANDELN UND PISTAZIEN

Zutaten

GEDECKTER RHABARBERKUCKEN

MÜRBETEIG

100 g Zucker
200 g Butter
300 g Mehl
1 Biskuitboden, fertig vom Bäcker

BELAG

500 g Rhabarber

RAHMGUSS

250 ml Milch
50 g Sahne
80 g Zucker
60 g Puddingpulver (Vanille)

DEKOR

Zimtzucker
Aprikosenmarmelade
Rum
geröstete Mandeln
gehackte Pistazien

◆ Zucker, Butter und Mehl gut vermengen und etwa 30 Minuten kalt stellen.

◆ Den Teig ausrollen und eine Springform damit auslegen.

◆ Im Ofen bei 170° C leicht anbacken. Anschließend den Mürbeteig mit etwas Marmelade bestreichen und eine dünne Scheibe Biskuitboden auflegen.

◆ In der Zwischenzeit aus Milch, Sahne, Zucker und Puddingpulver den Rahmguß herstellen und gleichmäßig auf den Biskuitboden verteilen.

◆ Rhabarber schälen, in etwa fünf Zentimeter große Stücke schneiden, kurz in Zuckerwasser blanchieren und dann auf dem Kuchen verteilen.

◆ Bei einer Temperatur von 170 bis 180° C etwa 30 bis 40 Minuten backen.

◆ Aprikosenmarmelade mit dem Rum verrühren und erhitzen. Auf den noch warmen Kuchen streichen und mit gerösteten Mandeln, gehackten Pistazien und Zimtzucker bestreuen.

Osterlamm

Festliches Gebäck für die Ostertafel

Zutaten

OSTERLAMM

3 Eier
1 Eigelb
125 g Zucker
1 Päckchen Vanillezucker
125 g Mehl
25 g Speisestärke
75 g Butter
Semmelbrösel

- Die Eier, das Eigelb, den Zucker und den Vanillezucker schaumig schlagen.
- Das Mehl mit der Speisestärke vermischen, auf den Eischaum sieben und vorsichtig unterheben.
- Die Butter erwärmen, wieder abkühlen lassen und tropfenweise unter den Teig ziehen.
- Die Osterlammform mit Butter ausfetten und mit Mehl und Semmelbrösel bestäuben.
- Den Teig einfüllen und im vorgeheizten Backofen bei 180° C etwa 35 bis 40 Minuten backen.

Viel Spaß beim Backen und frohe Ostern!

Mein Tip *Zum Verzieren können Sie Schokoladenkuvertüre oder Puderzucker verwenden.*

Quark-Beerenauflauf

MIT HIMBEEREN UND BROMBEEREN

Zutaten für 2 Personen

QUARK-BEEREN-AUFLAUF

1/4 l Milch
100 g Butter
150 g Mehl
Prise Jodsalz
6 Eigelb
100 g Quark
6 Eiweiß
100 g Zucker
1 Päckchen Vanillezucker
50 g Himbeeren
50 g Brombeeren
etwas Butter zum Ausfetten
Saft von einer Zitrone

ZUM GARNIEREN

einige Himbeeren
einige Brombeeren
1/8 l Fruchtsoße

◆ Milch mit Butter, Salz und Zitronensaft kurz aufkochen und unter ständigem Rühren das Mehl dazugeben.

◆ Solange weiterrühren, bis sich die Masse vom Topfrand löst, dann den Topf vom Feuer nehmen.

◆ Die Masse kurz auskühlen lassen, Quark und Eigelb nach und nach unterrühren.

◆ Anschließend Eiweiß und Zucker zu steifem Schnee schlagen und vorsichtig unter die Masse ziehen.

◆ Zuletzt die vorbereiteten Beeren vorsichtig unter die Masse heben.

◆ Das Ganze in eine mit Butter bestrichene, mit Mehl bestreute Form füllen.

◆ Den Auflauf bei einer Temperatur von ca. 160° C im Wasserbad etwa 50 Minuten garen.

◆ Nach dem Garen den Auflauf stürzen und mit einer Fruchtsauce und frischen Früchten garniert servieren.

Schleckereien von Erdbeeren

MIT BROMBEERSAUCE

Zutaten für 2 Personen

SCHLECKEREIEN VON ERDBEEREN

500 g Erdbeeren
1 EL Grand Marnier
1 TL Rum
6 Blatt weiße Gelatine
250 ml Sahne
2 EL Zucker

BROMBEERSAUCE

80 g Brombeeren
2 EL Zucker
4 cl Weißwein

ZUM GARNIEREN

Erdbeeren
Schokoladenraspel

◆ Die Erdbeeren waschen und pürieren, Grand Marnier und Rum dazugeben.

◆ Gelatine einweichen, ausdrücken, auflösen und zur Erdbeermasse geben. Das Ganze gut verrühren. Bevor die Masse zu stokken beginnt, die mit Zucker aufgeschlagene Sahne unterheben.

◆ Die Erdbeermasse in kleine Förmchen füllen und im Kühlschrank einige Stunden kalt stellen, bis sie fest geworden ist.

◆ Brombeeren mit Zucker und Weißwein aufkochen und passieren.

◆ Die gestürzten Erdbeertörtchen auf der Brombeersauce anrichten.

◆ Nach Wunsch mit Erdbeeren und geraspelter Schokolade garnieren.

PY 6018
55
KC
Fr
EPY ▶ 12

isch & kalt
für jung und alt

Eine kleine fruchtig-spritzige
Erfrischung gefällig?
Dafür hat man immer Zeit!

Bierkaltschalen

Weissbierkaltschale – Dunkle Bierkaltschale mal pikant

Zutaten für 2 Personen

Weissbierkaltschale

3 Aprikosen
3 EL Himbeeren
1 Tasse Apfelsaft
1/2 TL Speisestärke
1/4 l Weißbier
Minze und Blüten zum Garnieren

Dunkle Bierkaltschale

1 Tasse Sauerrahm
1/4 l Dunkelbier
50 g Schinkenwürfel
2 gewürfelte Tomaten
Jodsalz
Pfeffer aus der Mühle
Basilikum
feingeschroteter bunter Pfeffer
rosa Beeren

Weissbierkaltschale

◆ Die Speisestärke mit etwas Apfelsaft verrühren. Den restlichen Saft zum Kochen bringen, die Stärkelösung dazugeben und einmal aufkochen.

◆ Abkühlen lassen, das Weißbier dazugeben und alles gut verrühren.

◆ Die Himbeeren und die kleingeschnittenen Aprikosen in die Kaltschale geben. Mit Minze und Blüten garnieren. Eiskalt servieren.

Dunkle Bierkaltschale

◆ Den Sauerrahm mit dem Dunkelbier gut vermischen oder verquirlen.

◆ Die Schinken- und Tomatenwürfel dazugeben und mit Jodsalz und Pfeffer pikant abschmecken.

◆ Zum Schluß noch mit gezupften Basilikumblättern belegen und mit feingeschrotetem bunten Pfeffer und rosa Beeren bestreuen. Eiskalt servieren.

Mein Tip *Diese Bierkaltschalen können Sie auch mit alkoholfreien Biersorten zubereiten.*

Erdbeer- und Waldmeisterbowle

Ideal für die Party

Zutaten für 4 Personen

ERDBEERBOWLE

350 g Erdbeeren
2 EL Honig
2 cl Erdbeerlikör
1/4 l Johannisbeersaft
1 Flasche trockener Sekt

WALDMEISTERBOWLE

4 Kiwi
Läuterzucker
(2 EL Zucker mit
4 cl Wasser aufkochen)
1/4 l weißer Traubensaft
1 Bund Waldmeister
1 Flasche trockener Sekt

ERDBEERBOWLE

◆ Die gewaschenen und in kleine Stücke geschnittenen Erdbeeren in ein großes Gefäß geben.

◆ Honig, Erdbeerlikör und Johannisbeersaft zufügen und mindestens eine halbe Stunde ziehen lassen.

◆ Dann den Sekt dazugeben, alles gut vermischen und vor dem Servieren noch einmal gut durchziehen lassen.

WALDMEISTERBOWLE

◆ Die Kiwi schälen, kleinschneiden und in ein Bowlegefäß geben.

◆ Mit Läuterzucker, Traubensaft und 2/3 des Sektes aufgießen und das Waldmeistersträußchen hineinlegen.

◆ Gut 2 Stunden ziehen lassen. Dann den Waldmeister herausnehmen, mit dem restlichen Sekt auffüllen und servieren.

Erfrischende Weißbierbowle

MIT FRISCHEN HIMBEEREN

Zutaten für 4 Personen

ERFRISCHENDE WEISSBIERBOWLE

400 g frische Himbeeren
1 EL Zucker
4 cl Himbeergeist
2 Flaschen Kristallweizenbier
0,7 l trockener Sekt

- Himbeeren gut waschen, in ein Bowlegefäß geben und mit Zucker bestreuen.
- Den Himbeergeist darüber verteilen und die Beeren zugedeckt etwa 3 Stunden ziehen lassen.
- Das Kristallweizenbier darüber gießen, nicht umrühren. Die Bowle erneut zugedeckt etwa 30 Minuten stehen lassen.
- Kurz vor dem Servieren den Sekt dazugeben.

Milchshakes

RITTER BLAUBART

FRUCHTZAUBER

Zutaten für 2 Personen

MILCHSHAKES

RITTER BLAUBART

100 g Brombeeren
(oder Heidelbeeren)
1/4 l Milch
1/2 Tasse Kefir
1 TL Puderzucker
1 EL fein geriebene Walnüsse
1/2 TL geriebene Zitronenschale
2 Kugeln Vanilleeis

Für die Garnierung:
2 bunte Fruchtspieße

FRUCHTZAUBER

1 roter Apfel
80 g Himbeeren (oder Erdbeeren)
1 EL Honig
1/4 l Apfelsaft
1/4 l Milch

Für die Garnierung:
2 bunte Fruchtspieße

RITTER BLAUBART

◆ Die Brombeeren waschen, mit einem Tuch trockentupfen und pürieren.

◆ Zusammen mit der Milch, dem Kefir, dem Puderzucker, den Walnüssen und der Zitronenschale in einen Mixer geben und gut vermischen.

◆ In ein Glas füllen, etwas Vanilleeis unterrühren und mit einem Früchtespieß garnieren.

FRUCHTZAUBER

◆ Den Apfel schälen, kleinschneiden und mit den gewaschenen Himbeeren, dem Honig, dem Apfelsaft und der Milch in einem Mixer pürieren.

◆ Das Mixgetränk in ein Glas füllen und ebenfalls mit einem Früchtespieß garnieren.